教師のレジリエンスを高めるフレームワーク

柔軟な問題解決者となるための5つの視点

Toshitaka Fukami
深見俊崇 編著

北大路書房

はじめに

　本書は，教師の「レジリエンス」に焦点をあて，レジリエンスの形成に必要なポイントを学ぶためのものです。レジリエンスという言葉は，主に心理学で注目されてきましたが，ビジネス，建築，福祉等，さまざまな分野で取り上げられるようになってきました。例えば，ビジネス業界では次のようにレジリエンスの定義が説明されています。

　「レジリエンス」(resilience) は，「復元力」や「回復力」「弾力」などと訳される言葉です。近年は特に，「困難な状況にもかかわらず，しなやかに適応して生きのびる力」を意味する心理学的な用語として使われるケースが増えています。また，レジリエンスの概念は，個人から企業や行政などの組織・システムに至るまで，社会のあらゆるレベルにおいて備えておくべきリスク対応能力・危機管理能力としても注目されています。

（日本の人事部，2020）

　ここ以外でもしばしば用いられる「しなやかに適応」という表現からは，困難な状況をやすやすと乗り越えていけるようなイメージを抱くかもしれません。しかし，本書でじっくり学んでいきますが，こうした能力は悪戦苦闘また試行錯誤を経てようやく身につくものだと考えられます。困難な状況でも希望をもって諦めずチャレンジし続けていく姿にレジリエンスを見ることができるのです。

　先の定義に「社会のあらゆるレベルにおいて備えておくべきリスク対応能力・

現在のシステム

効率性を最大化し
たデザイン

レジリエンスを最大化
したデザイン

図 0-1　効率性とレジリエンスのモデル（Linkov, 2018）

危機管理能力」という側面が示されています。諸研究では脆弱性（ヴァルネラ
ビリティ；vulnerability）との対比でレジリエンスが説明されています。ここ
では，リンコフ（Linkov, 2018）のモデルをもとに考えてみたいと思います。
図 0-1 には 3 つのシステムのモデルが示されています。現在のシステムをもと
に効率性を最大化したのが左下のデザインです。そして，レジリエンスを最大
化したのが右下のデザインです。左下のデザインは，現在のシステムを補強す
るかたちでデザインされていますが，右下のデザインは，これまでのシステム
にはまったく関係のないところを補強しています。

　それでは，図 0-2 を見てみましょう。ある部分にトラブルが生じたとき，現
在のシステムも効率性を最大化したデザインも同様に機能しなくなる危険性が
高まります。一方，レジリエンスを最大化したデザインは，まったく関係のな
いと思われた部分が補強されているので，トラブルによるダメージを回避でき
る可能性が高いのです。

　「業務効率化」「選択と集中」「ムダをなくす」といった言葉は，近年優れた
考え方として定着してきました。しかし，図 0-2 からわかるように，効率性の
最大化は，トラブルが生じたときのリスクや脆弱性を高める可能性があること
がわかります。

　少し長く説明をしてきましたが，本書のテーマの 1 つは「リソース」を豊か

現在のシステム

効率性を最大化し
たデザイン

レジリエンスを最大化
したデザイン

図 0-2　効率性とレジリエンスのモデル（Linkov, 2018 を改変）

にすることです。個人がレジリエンスを発揮できるためには，周囲との関係性，個人また社会のリソースが不可欠だと考えられます。学びの場が1つしかなければ，そこが何らかのかたちで失われてしまった場合，学びが完全に停滞してしまいます。仕事だけに人生をかけてしまうと，退職後にお金は残っても他に何も残っていないということもあるでしょう。

　本書は，教師がレジリエンスを形成するにあたって，学ぶべきポイントをBRiTE のフレームワークで整理したものです。このフレームワークは，オーストラリアの研究者が体系化したものです。詳しくは，第1章とおわりにを参照してください。

B：レジリエンスを形成する（Building Resilience）

R：関係性（Relationship）

i：ウェルビーイング（Well-being）

T：主体性を保つ（Taking Initiative）

E：感情（Emotion）

　初任教師，若手教師の皆さんは，本書の学習を通じて，自分が置かれた状況を問い直し，課題となっていることに向けてのアクションを一歩でも起こして

もらいたいと思います。もちろん，これは，中堅・ベテラン教師の皆さんも同様です。中堅・ベテラン教師の皆さんは，自校や研究サークル等で関わる初任また若手教師がレジリエンスを発揮できるように支援する役割を担う必要もあります。その点で，皆さんの関わり方がどうかを問い直してみてください。

　本書を学ぶ学生の皆さんは，現場に立っていないとイメージできないこともあるかもしれません。しかし，教職の世界で今後直面する可能性があるものだと理解し，少しずつでもかまいませんので学びを進めていってください。教職の意義等に関する科目や教職実践演習で本書をテキストとして用いられる大学教員の皆さんは，本書の **WORK** を効果的に活用していただき，学生の皆さんに今後の学びにつながるヒントを提供してもらいたいと願っております。

　最後に，管理職・教育委員会の先生方には，一人ひとりの教師がレジリエンスを発揮できる学校運営や研修を行っているかをぜひ問い直してもらいたいと思います。本書で繰り返し確認することになりますが，レジリエンスは個人の問題だけでなく，個人が属する環境が大きな影響を与えるのです。環境整備に関するリーダーシップを発揮するのは，まさに皆さんの重要な役割でしょう。

　それでは，早速本書の学びをスタートしていきましょう。

Contents

第 4 章　主体性を保つ　63

第 5 章　感情に意識を傾ける　85

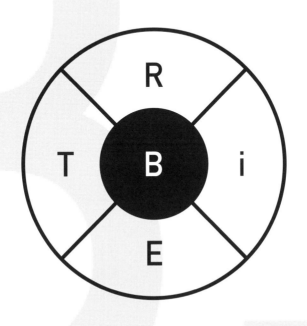

第 1 章

レジリエンスを形成する

　本章では，まずレジリエンスに関するこれまでの研究や社会的な関心の高まりについて概要を説明します。そして，それらを踏まえながら現在考えられているレジリエンスのとらえ方を紹介します。

　そして，本書のテーマである教師のレジリエンスについて，その特徴とレジリエンスを発揮する「レジリエントな教師」が備えるべき資質・能力について確認します。締めくくりとして，本書の基盤である「BRiTE フレームワーク」を示します。

1. レジリエンスについて

(1) レジリエンス研究のスタート

　現在，福祉，医療，建築，防災，経済学等，さまざまな分野で「レジリエンス」が注目をあびつつあります。英語の "resilience" は，辞書によると，「弾力，弾性，復元力 (elasticity)」「(病気・失意などからの) 回復力，立ち直る力 (buoyancy)；快活さ」と定義されています (『英和大辞典』研究社, 2002 年)。この定義のうち，レジリエンスは現在，「復元力」「立ち直る力」という意味で広く用いられつつあります。アメリカ心理学会 (American Psychological Association, 2013) は，レジリエンスを「逆境，トラウマ，悲劇，脅威，ストレスの重大な原因（家族や人間関係の問題，深刻な健康問題，職場や経済的なストレス要因等）にうまく適応するプロセス」と定義しています。

　苦悩に直面したり，逆境を乗り越えたりするというレジリエンスをめぐるテーマは，ギリシャ神話等でも描かれるように，数千年にわたって物語の題材として扱われてきました。しかし，科学的な研究として着手されたのは，1960 〜 1970 年代と比較的最近です (Masten & Gewirtz, 2006)。そこで着目されたのは，精神疾患を抱える保護者，貧困，家庭内暴力といった困難な家庭環境で育った子どもたちがその状況に屈することなく，社会に適応し，健全に生活している場合があることでした (Masten et al., 1990)。研究者たちは，どうして彼らがそのような成長を遂げたのか，困難な状況をどのようにとらえ，いかなる行動をとってきたかを調査していきました。心理学の研究には，リスク要因と保護要因という

考え方があります。リスク要因とは，ある問題を引き起こしやすくしたり，問題を悪化させたりするものを指します。一方，保護要因とは，ある問題を起こりにくくしたり，問題が起こったとしても悪化させたりしないものを指します。例えば，ウェルナーとスミス（Werner & Smith, 1982）は，1955 年生まれの同世代の人々に対する長期的な調査研究を行いました。その際，将来的な発達において深刻な問題を引き起こすと予想される重大なリスク要因は，慢性的な貧困，母親が十分な教育を受けていないこと，家族の対立や不安定さ，母親が周産期に中程度から深刻なレベルのストレスを抱えていたことでした。約 3 分の 1 にあたる対象者は，4 つもしくはそれ以上のリスク要因に関連した問題を抱えていましたが，約 3 分の 1 にあたる対象者は，リスクに関連した問題がまったく見られないまま発達したことから「レジリエント」であると見なされました。その保護要因として，保護者の養育態度や養育の質が関わることが明らかとなっています。

　レジリエンスと発達に関わる諸研究をレビューしたマステンほか（Masten et al., 1990）は，次の 4 つの保護要因が重要であることを指摘しています。

①能力のある大人とポジティブな関係をもつこと
②よい学習者であり，問題解決者であること
③他者と関わり合うこと
④自分自身が認める，もしくは社会から認められる能力や自己効力感を有していること

　①と③からは子どもを取り巻く他者が，②と④からは子どもの資質・能力が重要であることがわかります。もちろん，②と④は生得的なものというより，後天的に学習されたものだととらえられます。レジリエンスの観点からは，①から④の観点で子どもの環境を整えていくことが求められるのです。

(2) 子どものレジリエンスから大人のレジリエンスへ

　現在では，レジリエンスの研究は，子どもを対象とした研究から大人も含めたものへと拡張しています。困難な状況に屈せず，それを乗り越え，人生を歩

んでいるのは子どもだけではないからです。

　特に大きな転機となったのは，米国における 9.11 とその後の戦争でした。アメリカ心理学会は，9.11 後にレジリエンス・キャンペーンを展開しました [1]。具体的には，ディスカバリー・ヘルス・チャンネルと協力して「レジリエンスへの道」という番組を制作し，圧倒的な困難に立ち向かうための手がかりを提供しました。また，9.11 の後の戦争においては，「戦争の時代におけるレジリエンス（Resilience in a Time of War）」という Web サイトを開設し，トラウマを抱えた戦地からの帰還兵に対する情報提供を行いました [2]。アメリカ陸軍内でも，レジリエンスの重要性が認識されるようになり，現在では陸軍レジリエンス局（Army Resilience Directorate）が設置されています。そして，陸軍レジリエンス局が中心となって，「心の準備とレジリエンス（Ready and Resilient：R2）」というプログラムが運営されています [3]。

　日本においてレジリエンスがクローズアップされたのは，2011 年 3 月 11 日に発生した東日本大震災でした。大地震と津波による死者・行方不明者は約 2 万人にのぼり，住宅，工場，道路等のインフラが破壊されました。2012 年 6 月に日本学術会議は，「東日本大震災復興支援委員会災害に対するレジリエンスの構築分科会」を設置し，2 年間の議論を『災害に対するレジリエンスの向上に向けて』として提言しました（日本学術会議東日本大震災復興支援委員会災害に対するレジリエンスの構築分科会，2014）。その提言では，「こころの回復を支える体制の整備」として，「平時より住民の精神（こころ）・身体（からだ）・生活（くらし）を包括的に支援する仕組み（「地域包括的こころの健康支援システム」）を構築することが災害からのレジリエンス力を高めることから，保健所・保健センターの業務・規模の拡大」（p.18）を目指すこと等が提案されました。

　これまでレジリエンスが注目されてきた背景を確認してきましたが，レジリエンスを壮絶な出来事や大災害といった文字通りの逆境で発揮されるもののよ

· · · · · · · · · · · · · · · · · · · ·

[1] https://www.apa.org/practice/programs/campaign/resilience 【2020/03/17 最終確認】
[2] https://www.apa.org/helpcenter/homecoming 【2020/03/17 最終確認】
[3] https://readyandresilient.army.mil/index.html 【2020/03/17 最終確認】

うに思われたかもしれません。しかし，多かれ少なかれ，私たちは日常生活の中でも悩みやストレスに直面します。それらに打ち負かされず，乗り越えていけることも現在ではレジリエンスとして考えられています。例えば，ビジネス界でもレジリエンスが注目されるようになっています。例えば，2002 年にジャーナリストのダイアン・コウトゥが，『*Harvard Business Review*（ハーバード・ビジネス・レビュー）』にレジリエンスに関する記事を執筆しています（Coutu, 2002）。その中で，「レジリエンスは最近ビジネスにおいてホットな話題なのです」と彼女は述べています。そして，彼女は，ある経営者が述べた言葉を次のように紹介しています。

> 教育よりも，経験よりも，トレーニングよりも，個人レベルのレジリエンスがその人の成功か失敗かを決定づけます。ガン病棟の中であれ，オリンピックであれ，重役会議室の中であれ，それが真実なのです。　　（Coutu, 2002）

どれほど学歴があろうと，どれほど経験が豊かであろうと，困難な状況に打ち負かされてしまえば，結果的にこれまで培ってきたものを失うことになりかねません。だからこそ，ビジネスにおいてもレジリエンスが何よりも重要だと考えられているのです。

また，「ダボス会議」と呼ばれる世界経済フォーラムの年次総会は，世界各国のビジネスリーダー，政治家，ジャーナリスト等が集って世界的な問題について議論する場となっていますが，2013 年のテーマが「レジリエント・ダイナミズム」でした。そこでは，「逆境の中でリードする」「経済的なダイナミズムを取り戻す」「社会的なレジリエンスを強化する」という 3 つのテーマが掲げられ，主に個人・家庭レベル，また国家財政の経済格差を乗り越えるためにレジリエントな経済・社会システムをどう構築していくかが議論されました。その報告書には，コウトゥが論じたようにリーダーのレジリエンスを高めることの重要性も記されています（World Economic Forum, 2013）。バーンアウトに陥るリーダーがかなり見られることから，「トレーニング，省察，そして自分自身に対する義務感（健康的で，生産的で，注意深く，責任感をもち生活すること）」（p.18）といった個人のレジリエンスの強化が必要であることが提案

されています。

(3)「自ら進んで行動する」というレジリエンス

　ここまで読み進めると，レジリエンスは，困難な家庭背景で生まれ育った人，戦争や大災害に直面した人，リーダーの立場にある人等，特別な状況に置かれた個人に限定されたものと感じるかもしれません。しかし，実際には，レジリエンスは，普通の人の適応プロセスから生じる共通の特徴なのです。この点について，マステン（Masten, 2001）は，次のように述べています。

　　特異であったり並外れたりしたことを理解しようと追究してきましたが，普通であることの力が明らかになってきました。レジリエンスは，稀で特別な資質から生じるものではなく，普通である毎日の魔法，すなわち心・脳・体の中にある，また家族・関係性・コミュニティの中にある平凡で規範的な人間のリソースから生じるものなのです。（中略）レジリエンスが普通のプロセスから生じるという結論は，稀で特異なプロセスが関わるものであるとの考えよりも，はるかに楽観的に行動のための見通しを与えてくれるのです。　　　　　　　　　　　　　　　　　　　　　　　　　　　　（p.235）

　ここで示された「行動のための見通し」という点は，きわめて重要です。例えば，レジリエンスを考えるにあたって，近年では，「個人」だけでなく，個人を取り巻く「関係性」やその人が暮らす社会システムや文化等を含めた「社会」も大きな影響を与えていることがわかっています。先に述べた通り，マステンほか（Masten et al., 1990）が提起した保護要因にも，「能力のある大人とポジティブな関係をもつこと」「他者と関わり合うこと」「社会から認められる能力や自己効力感を有していること」がはっきりと示されています。とするならば，そのような機会や場面を保障することができれば，レジリエンスの形成につながるのです。

　ここまでで紹介してきたようなレジリエンスのとらえ方の変化を踏まえながら，アンガー（Ungar, 2008）は，次のようにレジリエンスを定義しています。

第3章で詳しく説明しますが，ウェルビーイングとは，「個人の権利や自己実現が保障され，身体的，精神的，社会的に良好な状態にあることを意味する概念」（中谷，2007）です。

　　自分自身のウェルビーイングを維持する心理的・社会的・文化的・身体的なリソースをコントロールできる個人の資質，そして文化的に意味のあるかたちで提供されるこれらのリソースを個人や集団で折り合いをつけられる資質のいずれも含むもの。
　　　　　　　　　　　　　　　　　　　　　　　　　　　　　　　　　（p.225）

　この定義が「リソースをコントロールできる」ことと「リソースを個人や集団で折り合いをつけられる」ことの2つの資質を含むことから，レジリエンスは「自ら行動する」という側面をもっていることがわかります。例えば，深刻な悩みに直面したとき，身近な友人に相談できる人は，それができない人に比べて，心理的な負担はより軽くなると考えられます。仮に相談できるような友人がいなかったとしても，医師やカウンセラー等に気軽に相談できるような制度があったならば，問題解決の手助けになることは間違いないでしょう。前者は「リソースをコントロールできる」個人の例であり，後者は「リソースを集団（社会システム）で折り合いをつける」例になります。
　別の例を挙げると，個人のウェルビーイングの観点から適度な運動を継続して行うことは重要です（第3章参照）。しかし，運動しようと思ったとしても，フィットネスクラブやスポーツセンター等の運動できる場所がなければ継続して運動することは困難です。仮にそのような場所があったとしても，近隣にどのような施設があるのか，そこでどのようなスポーツができるのかといった情報が得られなければそこにアクセスすることはできません。ある目的の遂行には，このような環境整備や情報収集能力がセットで必要になります。
　レジリエンスには「自ら行動する」という側面があるのは間違いありませんが，「自ら行動する」という面が強く出すぎると，ともすればレジリエントな行動ができないことのすべてが個人の責任に帰することになりかねません。しかし，先の例からわかるように，それを実現するためには，制度面・環境面からの支援を含めて考えていかねばならないのです。

WORK1-1
心身の健康を維持するためのリソースの把握

　レジリエンスには，「リソースをコントロールできる」ことと「リソースを個人や集団で折り合いをつけられる」ことという 2 つの資質が含まれることを確認しました。しかし，そもそも「リソース」を把握できていなければ，それをコントロールしたり，個人や集団で折り合いをつけたりすることは困難です。以下の 4 つの観点から自身の有するリソースを挙げてみましょう。

■心理的リソース：自己肯定感，楽観性，肯定的な感情等について

■社会的リソース：家族，職場，コミュニティ等の関係性について

■文化的リソース：有形・無形の文化的産物（芸術，観光，趣味，娯楽等）について

■身体的リソース：健康状態，体力面，運動に関わる身体的スキルについて

（4）レジリエンスを形成するための働きかけ

　「自ら行動する」ことの重要性を確認しましたが，そのためにも具体的な行動の仕方を伝えることは必要です。とりわけ子どもたちには，レジリエンスを形成するための働きかけが求められます。

　レジリエンス研究のスタートは，精神疾患を抱える保護者，貧困，家庭内暴力といった困難な家庭環境で育った子どもたちだったことを前項で確認しました。もちろん，先に述べた通り，現在では「普通の人の適応プロセス」としてレジリエンスをとらえられるようになっています。だからこそ，あらゆる子どもたちのレジリエンスを考えることが重要になってきています。例えば，新しい学級に馴染めるかどうかの不安を感じるとき，ケンカやいじめといった子ども同士の問題に直面したとき，良くないテストの点数や成績を保護者に報告しなければならないとき等，子どもたちもさまざまなストレスに直面しています。それゆえ，子どもたちがレジリエンスを形成するためには，保護者や教師が意識的に働きかけることが重要なのです。

　アメリカ心理学会は，「保護者と教師のためのレジリエンス・ガイド」というWebページを開設しています[4]。そこには，「幸いなことに，レジリエンスのスキルを学ぶことができます」と明記され，「子どもや10代の若者がレジリエンスを形成するための10のヒント」が次のように示されています。

　　①つながりをもつ
　　②他者に助けを求めるように促す
　　③日々のルーティンを維持する
　　④休みをとる
　　⑤子どもにセルフケアを教える
　　⑥目標に向けて行動を起こす
　　⑦ポジティブな自己の見方を育む
　　⑧全体像において物事をとらえ，希望のある見通しを保つ

- -
[4] https://www.apa.org/helpcenter/resilience【2020/04/01 最終確認】

　⑨自己発見の機会を探す
　⑩変化は人生の一部だと受け入れる

　これらの視点のいくつかは，後の章でも取り上げる内容と重なります。本書のテーマは，あくまで教師のレジリエンスに関するものですが，そこでの学びを子どもたちの指導に応用していくことも可能なのです。

2. 教師のレジリエンス

(1) 教師のレジリエンスの特徴

　いよいよ本書のテーマである教師のレジリエンスについて確認していきます。まず，教師のレジリエンス研究に関して国際的に著名なクリストファー・デー（Day, C.）とキン・グー（Gu, Q.）は，教師のレジリエンスにはとりわけ次の3つの特徴があることを指摘しています（デー・グー，2015）。

　まずは，①「文脈固有性」です。教師の仕事は，どのような学校で勤務するかで大きく異なっていきます。例えば，学校の地域的背景（教育熱心な保護者が多い／少ない，経済的に恵まれている／経済的に厳しい世帯が多い，地域との関係性が強い／弱い等），子どもの実態（荒れている・問題行動が多い／落ち着いている，学習意欲が高い／低い，多様な背景を抱える子どもが多い／少ない等），同僚との関係性（協力的／非協力的，研究熱心／研究に無関心，上下関係が強烈／フラットに議論できる等），挙げればキリがないほど同じ校種であっても同じ学校は1つとありません。教師のレジリエンスを考えるにあたって，このような「文脈」を考慮することはきわめて重要です。例えば，教師のモチベーションやレジリエンスに肯定的な影響を与えるものとして，学習・発達の支援に関する学校内のマネジメント，管理職やミドルリーダーが発揮するリーダーシップへの信頼，保護者や子どもからの肯定的なフィードバックが挙げられます。また，デーたちが取り組んできた研究によれば，勤めて間もないときに，学校の力強いリーダーシップにより支援された経験があると，教師としての社会化が促され，専門職としての自己意識が豊かになることも明

らかになっています（デー・グー，2015）。例えば，ジョンソンほか（Johnson, 2015）は，初任者を支えるスクールリーダーが語る言葉を紹介しています。

　私たちは，間違いを愛しています。間違いを通して，私たちが学んでいることが明らかになりますし，私たちが正直であるよう教師たちに求めるのです。私たちは皆，絶え間なく学び続けていることを子どもたちに見せるのです。サポートと実験を通じて，私たちは，この学校にいる誰とでも——小さな子どもとも，上級生とも，教師とも——専門的な学習共同体を築くことができるのです。若手以外の教師の責任とは，若手教師に自分たちも同じく学びの旅路を歩んでいる姿を見せることです。そして，すべての答えを有しているわけでもないし，自分たちも挑戦し，実験し続けている姿を見せることです。万人に当てはまるものは何もないのです。　　（p.77）

　続いて，②「役割固有性」です。教職を続けるにあたって，教師がもつ内なる使命感が重要であることが諸研究で指摘されてきました。アメリカの研究者のブルネッティ（Brunetti, 2006）は，アメリカの都市部の高等学校に勤務する教師に対する調査を通じて，厳しい状況に直面し，何度も挫折を経験しても，諦めず教職を継続し，挑戦し続ける姿の中にレジリエンスを見いだしています。レジリエンスを発揮する「レジリエントな教師」とは，単に日々の生活をなんとかやり過ごしているような教師ではなく，理想や目的意識をもって日々指導にあたっている教師だと言えるのです。このように，教師には他の仕事とは異なる「役割固有」のレジリエンスがあると言えるでしょう。

　最後にレジリエントであることは，③「単に『立ち直る』以上のことを意味している」ということです。専門職としての仕事を続けていくと，経験を経るごとに異なる困難に直面していくことは間違いありません。しかし，これまで知識が十分でなかったことを学習する必要性に迫られたり，さまざまな経験を積んだりすることで，それ以前よりも実践の幅が広がったり，新たな可能性を見いだしたりすることができるのです。教職経験2年目の教師Aは次のように語っています。

　1 年目は，授業準備の時間も足りないですし，考えても考えてもアイデアが出てこなかったというか，知識不足というか，勉強が足りないなっていうところもありました。道徳の有名な実践者の授業公開が近くであって，その授業を見たときに，道徳っておもしろいなって思って，そこからちょっと道徳を頑張ってみようと思いました。1 年目の終わりは道徳頑張ったんですけど，2 年目も引き続き，人権教育の研究大会がうちの学校であって，その代表で授業をしました。そういうこともあって，1 年目 2 年目は道徳のことを頑張りました。改めて考えてみるとほかのことが頑張れてたかっていうと，結構置き去りになってしまっています。まだまだ道徳も奥が深いので，まだ頑張らないといけないと思いますし，他の教科の勉強も進めていかないとなと思っています。勉強しなければといろいろ考えながら，困ったときは，同僚の先生に相談しながら，少しでも授業，子どもたちが満足というか，やり切った授業ができるように頑張らなければと思ってますね。　　　　　　（教師 A のインタビューより）

　だからこそ，教職を続けていくにあたっては，日々の学校生活を維持し続け，教職に対するコミットメントを発揮することが最も重要なことだと言えます。それゆえ，デーとグーは，教師のレジリエンスの特質として「日常的レジリエンス（everyday resilience）」を新たに提唱しました。彼らは，「単に耐え抜こうとするよりも，日常的に授業の質を維持しようと努力するほうが，うまくいくものである」(p.199) と論じています。

　また，教師のレジリエンスを考えるにあたって，他者との関係性はきわめて重要です。ジョーダン（Jordan, 2012）は，レジリエンスは個人の中にあるのではなく，つながりの原動力としてとらえられるべきだと指摘しています。つながりは，先に述べた通り，「自ら行動する」ことで意識的に構築していくものだと考えられます。例えば，ソロモンとフロレス(Solomon & Flores, 2001)は，「すでにあるものではない」「それは単に当然なものではなく，意識的につくられ，しばしばつくられなければならない」と論じています。すなわち，関係性は，培われるものであり，努力の賜物なのです。この点については第 2 章で詳しく確認していきます。

教師の理想や目的意識を問い直す

■ ■ ■

　教師になるにあたって「こういう教師なりたい」「子どもたちとこういう関わり方」をしたいといった理想や目的意識をもたない人はほとんどいないでしょう。しかし，その理想や目的意識が果たして望ましいものかどうかを立ち止まって問い直すことが必要です。アヤーズ（Ayers, 2010）は，教師になる旅路について次のように言及しています。

　　教えることの学びは，時間，エネルギー，そしてハードワークを必要とするものです。優れた教え方について学ぶにはもっと必要なことがあります。それは，挑戦心を抱きながら真摯なエンゲージメントを持続させること，子どもの人生に情熱を傾けること，未来に情熱的な関心を寄せること――すなわち，児童・生徒が受け継ぎ，よりよくしていくコミュニティのために――，そして子どもたちを待ち受ける世界や切り拓いていく世界についても目を向けることである。　　　　　（p.160）

　「子どものために」という言葉は，おそらく最もよく聞く言葉かもしれません。しかし，その子どもたちがどんな未来や社会で生きていくかを考えながらどこまで実践できているでしょうか。例えば，校則等での管理主義的な働きかけは現在でも見られますし，それを支持する人も多いと思います。先のアヤーズの言葉を踏まえて考えてみると，そのように管理された子どもたちが将来社会に出て，市民として自律的に行動できるようになるのでしょうか？　それでは，子どもたちが将来自律的に行動できるようにするためには，今どのような指導や関わりが必要なのでしょうか？　未来に目を向けて考えると，子どもとの関わり方そのものも問い直す必要があるでしょう。

　また，挑戦心を抱きながら真摯に学び続けることも必要なはずです。ぜひ，身近な先生にどれぐらい本を読んでいるか聞いてみてください。本当に学び続けているのであれば，自信をもって教えてくれるはずでしょう。

(2) レジリエントな教師が備えるべき具体的な資質・能力とは何か

　それでは，レジリエントな教師になるためにはどのような資質・能力を備える必要があるのでしょうか。教師のレジリエンスを研究しているマンスフィールドたちは，161 人の若手教師と 98 人の教員志望学生に対して調査を行い，彼らの回答を整理してまとめました（図 1-1）。図 1-1 のように，教師のレジリエンスに関する資質・能力は 23 の側面が抽出され，4 つの次元（専門職関連，感情的，モチベーション，社会的）に位置づけられました。レジリエントな教師は，レジリエンスを発揮するのを可能にする個人の強み，知識，そしてスキルを幅広く有することが必要であることがわかります。

　そして，4 つの次元は，次のようにとらえられています。まず，「専門職関

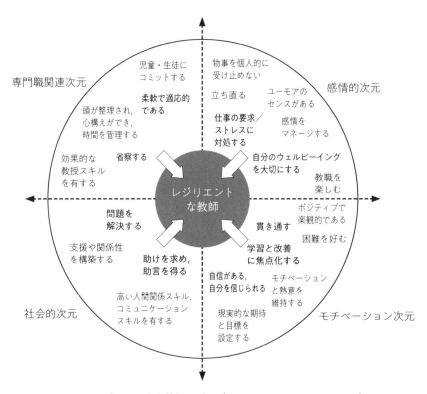

図 1-1　レジリエントな教師モデル（Mansfield et al. 2012, p.362）

連次元」は，教師の実践としてこれまで考えられてきたものと一致しています。続く，「感情的次元」は，教職経験を通じて得られる感情に加えて，感情のマネジメントやストレスへの対処を含むものです。そして，「モチベーション次元」には，自己効力感，学習と改善への焦点化，粘り強さといった変革に向けた原動力にあたるものが含まれます。最後に，「社会的次元」については，サポートネットワークを構築したり，助言を求めたりするような職場における社会的なつながりの要素を含むものになっています。

「レジリエントな教師モデル」の通り，レジリエントな教師になるためには，これらのすべてを満たすことが理想的です。しかし，本書の学習を通じてすぐにそのような教師になれるわけではありません。先に述べた通り，経験を経るごとにさまざまな困難に直面していくのが教職です。そのような状況にあって，まず，問題そのものを見極め，それを解決するにはどんな手立てがあるかを検討し，実際に自ら行動を起こしていけるかが鍵となります。本書は，そのために必要となる基本的な情報を提供するものです。それを活用し，実際に行動につなげていくことができれば，「レジリエントな教師」の第一歩を踏み出すことになるのです。

海外の文献では，レジリエンスに関して「立ち直る（bouncing back）」という表現がよく用いられています。それは，個人がレジリエンスを発揮することで，逆境からすぐに立ち直り，元の状態に戻ることを意味しています。それにとどまらず，もっとよりよい方向に進めることができる可能性もあるのです。ワルシュ（Walsh, 2002）は，それを「立ち直ってさらに前に進む（bouncing forward）」と表現しています。レジリエンスを発揮することで，難題に直面した状況を通じて成長し，元の状態を超えて新たな世界に飛び出すこともできるのです。

（3）教師のレジリエンスを形成するための BRiTE フレームワーク

「はじめに」でも触れましたが，マンスフィールドたちは，図 1-1 で示した「レジリエントな教師モデル」や教師のレジリエンスに関する研究や実践のレビュー（Mansfield et al., 2016）をもとに教師のレジリエンスを形成するための「BRiTE フレームワーク」を提案しました。この "BRiTE" は，次の頭文

字をとったものです。

　B：レジリエンスを形成する（Building Resilience）
　R：関係性（Relationship）
　i：ウェルビーイング（Well-being）
　T：主体性を保つ（Taking Initiative）
　E：感情（Emotion）

　第 1 章で扱ってきた「レジリエンスを形成する」ためには，これ以降の章で扱う「関係性を構築する」（第 2 章），「ウェルビーイングを高める」（第 3 章），「主体性を保つ」（第 4 章），「感情に意識を傾ける」（第 5 章）という 4 つの学習が必要となるのです。それをモデル化したものが図 1-2 です。
　さっそく，「レジリエントな教師」になるための学習をスタートしていきましょう。

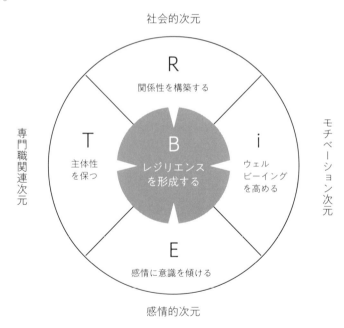

図 1-2　BRiTE フレームワーク

第1章のふり返り **WORK**

（1）第1章の内容を踏まえて，以下の問いに回答しましょう。

①レジリエンスは，壮絶な出来事や逆境に直面した人だけが必要になるものです。 　　　　　　　　　　　　　　（　はい　／　いいえ　）

②レジリエンスは，一部の限られた人が有する特異な資質です。 　　　　　　　　　　　　　　　　（　はい　／　いいえ　）

③レジリエンスは，固定的なものではなく学習可能なものです。 　　　　　　　　　　　　　　　　（　はい　／　いいえ　）

④困難から立ち直ることができればレジリエントな教師だと言えます。 　　　　　　　　　　　　　　　　（　はい　／　いいえ　）

⑤レジリエンスは，個人とその人を取り巻く他者や環境との双方からとらえるべきです。 　　　　　　　　　　　　　　（　はい　／　いいえ　）

（2）レジリエンスについて学んだことを文章にまとめてみましょう。（300字程度）

さらなる学習のために

▶ **クリストファー・デー，キン・グー／小柳和喜雄，木原俊行（監訳）（2015）『教師と学校のレジリエンス──子どもの学びを支えるチーム力』 北大路書房**

　教師のレジリエンス研究を踏まえたうえで，教師のライフフェーズごとの特徴やレジリエンスを活性化するための職場の諸要因等，教師のレジリエンスを高めるためにどのような観点が必要かについて詳しく紹介されています。

▶ **マイケル・ニーナン／石垣琢麿（監訳）　柳沢圭子（訳）（2015）『あなたの自己回復力を育てる──認知行動療法とレジリエンス』 金剛出版**

　本書は，副題にある通り，認知行動療法の立場からレジリエンスを学べるものです。レジリエンスを高めるための「態度」や職場や人間関係において感じるストレスに対してどのように意識を向けたり，行動を取ったりするかについてエピソードを交えながら紹介されています。

▶ **シェリル・サンドバーグ，アダム・グラント／櫻井祐子（訳）（2017）『オプション B──逆境，レジリエンス，そして喜び』 日本経済新聞出版社**

　Facebook の COO であるシェリル・サンドバーグ氏が最愛の夫を突然失った悲嘆や喪失感に直面する中で，共著者である組織心理学者のアダム・グラントとともに「レジリエンス」について学んだことをまとめたものです。ビジネス書として着目されてきましたが，心理学等の諸研究に裏づけられており非常に参考になるものです。

▶ **スティーブン・M・サウスウィック，デニス・S・チャーニー／西大輔，森下博文（監訳）森下愛（訳）（2015）『レジリエンス──人生の危機を乗り越えるための科学と 10 の処方箋』 岩崎学術出版社**

　米国におけるトラウマサバイバーに対する治療と研究から，レジリエンスを発揮するための 10 のポイントを紹介しています。本書と共通する点もありますが，より厳しい状況に置かれた人たちがどのように危機を乗り越えることができたかを学ぶことができます。

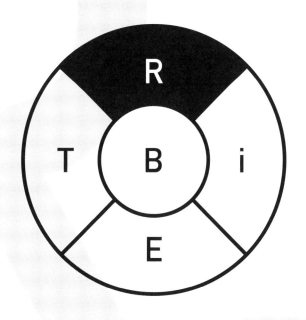

第 2 章

関係性を構築する

本章では，レジリエンスの形成にあたって重要となる「関係性」の構築について学んでいきます。具体的には，こうした営みが，教師のレジリエンス形成においてなぜ必要であるのか，そして，どのような意義があるのかという点について考えていきます。特に初任教師や若手教師が教職をスタートさせるにあたって関係性をいかに構築していくか，友人や家族といったサポートネットワークを維持することがいかに重要かについて確認していきます。

1. レジリエンス形成における関係性構築の必要性

ケルヒターマンス（Kelchtermans, 2014）は，教師が無力感，挫折，失望，幻滅，自責，さらには，怒りや恐れといった「傷つきやすさ（ヴァルネラビリティ）」の感覚を抱いており，そうした感覚は，教師の仕事の満足感や専門的な実践の質に現実的かつ深く影響を及ぼしていると述べています。さらに，こうした感覚は，教師の個人的な特性によるものではなく，教育政策や教育行政のレベル，学校レベル，教室レベルにおけるさまざまな要因によって引き起こされていることを教師の実践史を読み解くことで明らかにしています。

例えば，学校の統合に関する事例を取り上げ，その複雑さを説明しています（Kelchtermans, 2014）。学校の統合は，法律上や組織上の事案として処理できると，行政の立場からは見なされます。しかしながら，教師は，間違いなく個人的にも感情的にも職場に関わっています。そして，学校が統合される際には，これまで構築されてきた職員間の関係性や文化，職場環境が変化するのですが，そうしたことの意味が多かれ少なかれ見逃されることがあります。それにより，教師は自分たちの大切な職場を自分たちの手で守ることができないことを実感し，個人としてまた専門職として軽視されていると感じたそうです。これが教育政策や教育行政のレベルで引き起こされる教師の傷つきやすさの根源です。また，学校レベルとして，校長，保護者，教師が必ずしも同じビジョンをもっているわけではないにもかかわらず，同じ組織のメンバーは共通理解がとれているという非現実的な前提に立ってしまうことも傷つきやすさの根源となります（例：「良い教育」については多様な見解があるにもかかわらず，学校を代

表する特定の考え方にまとめられてしまう）(Kelchtermans, 2014)。さらには，子どもを教育するという営みはきわめて複雑であるにもかかわらず，過剰な期待や価値を掲げてしまうといったように，教室レベルでも傷つきやすさの根源が存在しています (Kelchtermans, 2014)。

　おそらく，多くの教師は，「正しい教師であろう」「子どもたちの成長に資する実践をしよう」と，日頃から苦心しているでしょう。しかし，そうした自らの営みが，他者からそのように認識されるかどうかについては確証をもつことはできません。たとえ自らが良かれと思って実践したことであっても，異なる価値観をもつ他者から否定されたり，攻撃されたりする危険性を常に孕んでいます。学校や教師，授業に求めるものは人それぞれであり，その方向性を定めることには困難が伴います。それゆえ，教師は，自らの実践が他者から否定される危険性といった，教職が根源的に内在している傷つきやすさと常に直面し続けなければならないのです。こうした教職の特性は，「教師であり続けること」を困難なものにしています（デー・グー，2015）。しかしながら，先述した教師の傷つきやすさの根源は構造的かつ複雑であり，そうたやすく解消されるものではありません。ゆえに，こうした教職の特徴を踏まえつつも，「教師であり続けること」を実現する方策を身につけていくこと，つまり，レジリエントな教師を目指していくことが求められるのです。

　このような点を踏まえつつ，デーとグー（Day & Gu, 2010）は，教師としての歩みに影響を及ぼす主たる要因として，「実践に関する状況」「生徒」「政策」「個人的な出来事」を挙げています。ここで言う影響には，教師としての歩みが好調になるポジティブな場合と不調になるネガティブな場合がともに含まれます。そして，とりわけ，教師としての歩みに最も影響を及ぼしているのが，「実践に関する状況」であること，さらに教師としての歩みが好調になる際に，「実践に関する状況」が大きな影響を及ぼしていることを明らかにしています（Day & Gu, 2010）。つまり，この点に，教師がレジリエンスを発揮し，教師であり続ける１つの鍵があると言えるでしょう。

　さて，ここで言う「実践に関する状況」には，教師の仕事に埋め込まれている諸要因に関わるものが含まれています。より具体的には，「同僚，管理職からの支援の有無」「教師の追加的な役割や責任」「昇進」「仕事量」「専門性開発

の機会の質」を指しています（Day & Gu, 2010）。とりわけ，教職のスタート
や中堅期では，こうした要因が教師としてのモチベーションや自己効力感に影
響すると言われています（Day & Gu, 2010）。このように，教師であり続ける
ことは，教師個人の問題ではなく，教職を取り巻く複雑な状況との関連でとら
えることが必要となるのです。

　本章では，まず，学校における管理職や同僚との関係性の構築に注目します。
しかしながら，教師にとって重要であるのは，学校における関係性だけではあ
りません。学校外における家族や友人との関係性，さらには，ソーシャルネッ
トワーキングサービス等を通じたオンラインでの関係性も教師であり続けるた
めには必要不可欠であると言われています。それでは，教師がレジリエンスを
形成したり，それを発揮したりするにあたって，どのような関係性の構築が求
められるのかを考えていくことにしましょう。

2. 新たな関係性の構築

(1) 初任および若手教師に求められる関係性の構築

①初任教師を取り巻く状況

　初任教師として新たな環境に身を置くとき，どのような心境になるのでしょ
うか。「教師になりたい」という夢が叶った喜び，「教師としてがんばっていこ
う」という大志，「どのような子どもたちに会えるだろうか」といった期待を
胸に，初任教師としての日々をスタートさせることでしょう。それと同時に，
初任で現場に立った際，「リアリティショック」を経験する初任教師は少なく
ないと言われています。初任教師は新たに教師としてのスタートを切ったばか
りであったとしても，いわゆる「白紙」の状態で教師になっているわけではあ
りません。自身の被教育経験や教育実習での経験等をもとに，自分なりの教育
観を形成しているはずです。そうした自分なりの教育観と初任教師として経験
する現実とのギャップを感じること，それがリアリティショックです。

　「自分が理想とする授業が思うようにできない」「子どもたちから思いがけな
い言葉や反応が返ってきた」「教師の仕事の範囲が思っていた以上に広く，複

雑であった」等，その原因はさまざまでしょう。さらに，初任教師が抱く教育観や信念が確固たるものであればあるほど，リアリティショックを経験しがちであるとも言われています。以下は，教職経験１年目の日々をふり返る教師の声です。

　空き時間はエスケープしている生徒としゃべって，「（教室に）入りや」って言っても入らないので，結局しゃべるだけで終わってしまうとか，自分の中で今まで出会ったことがない生徒たちの学びをサポートしていくとことに対して，(中略) そのあたりにすごく戸惑って。　　　　　　　（教師Ｂへのインタビューより）

　この教師は，「今まで出会ったことがない生徒たちの学びをサポート」するという現実を目の前にして，自身がこれまで経験し，その中で形成してきた教育観を問い直す必要性に迫られたと言えるでしょう。また，次のように述べている教師もいます。

　もう本当に何もわかってなかったですし，わからなかったので，毎日手探り状態で過ごしていました。先の見えない不安感が一番大きかったなと思います。　　　　　　　　　　　　　　　　　　　　　（教師Ｃへのインタビューより）

　初任教師として，まさに初めての経験の連続であるとすれば，「この先，何が起こるのだろう」「いつになったら慣れることができるのだろう」「いつまで不安な日々が続くのだろう」という思いに駆られるのも必然であると言えるでしょう。もちろん，誰もが深刻なリアリティショックを必ず経験するわけではありません。しかし，多かれ少なかれ，何かしらの不安や課題に直面することはあるでしょう。そうした際に，「リアリティショックを経験する初任教師は少なくない」と理解していれば，必要以上に自責の念に駆られたり，極端な不安に苛まれたりすることを避ける方策になるかもしれません。このように，初任教師を取り巻く状況について理解することも，レジリエンスの発揮につながります。

WORK2-1

初任教師としての日々をイメージしてみよう

あなたは，初任教師としての一歩を踏み出すことになりました。4月から数か月間の日々をイメージしてみましょう。

■あなたは初任教師として，どのような思いを抱いて，教職生活をスタートさせるでしょうか。

■あなたは初任教師として，どのような課題に直面すると思いますか。

②初任教師に求められる関係性の構築

　ここまで，初任教師を取り巻く状況について触れてきました。教師としてのスタートを切った喜び，期待，そして不安，さまざまな思いが複雑に絡み合う日々の中で，周囲との関係性が初任教師の支えになることがあります。デーとグー（2015）は，「新しい専門職として，その生活へ向けて奮闘している初任教師にとって，教室の現実の中で，学校／学科のリーダー，同僚からの支援は，彼らの自信や自己効力感を構築することや次なる専門職のライフフェーズへの方向づけを決定することにおいて，きわめて重要であった」（p.96）と述べています。日本の文脈で言えば，校長や教頭等の管理職，初任者研修の指導教員，研究主任，学年主任，さらには，同じ学年を担任したり，同じ教科を担当したりする同僚教師等，学校内におけるさまざまな関係性が初任教師の支えとなる

可能性があります。例えば，教職経験１年目における同僚との関わりについて，教師Ｂは次のように述べています。

　そのベテランの先生が，いろんな先生に仕事を振ってくださって，もしそれが「うまく回っていないな」と思ったら，うまくサポートしたりとか，カバーしてくださるという優しい先生でした。「よかったら，こういう仕事やってみない？」って言われて，勢いで「はい」って言ってしまうものの，できない部分はサポートしてもらっていましたね。　　　　（教師Ｂへのインタビューより）

　こうした教職経験の浅い若手教師を支援しようとする取り組みを「メンタリング（mentoring）」という観点からとらえようとする研究や実践が近年見られます（例えば，小柳，2013）。例えば，島田（2013）は，メンタリングの考え方をもとに，初任教師と関わりをもっていた３名の教師が果たしていた役割を表2-1のように整理しています。

　ここでは，初任教師を支援する立場にある「メンター（mentor）」によるメンタリングの機能を６つに分類し，それぞれについて誰が主にそれに該当する役割を担っていたかが整理されています。まず，表2-1からは，初任教師と関係性を構築していたのは１人の教師だけではなく，複数の教師だったことがわかります。

　次に，メンターとしての役割を果たす複数の教師が，すべてのメンタリング機能を果たしているのではなく，それぞれが役割分担しながら，初任教師を支援していることがわかります。初任者研修の拠点校指導教員は，主に授業づくりに関わるコーチングを行っていました。一方，初任者研修の校内指導教員は，同じように初任教師の専門的な発達を促す役割を果たしていましたが，その内容は，学校における教師の仕事全般に関わるものでした。また，学年主任は，仕事の役割分担をしたり，初任教師の長所を生かしたりする機会の提供等，初任教師の自立を促す役割を果たしていました。その他にも，学年主任は，初任教師が他の教師や保護者からの協力を得ることができるよう工夫していました。このように，初任教師と関わりをもつ指導教員や身近な同僚である学年主任等は，初任教師にとっての最適な環境を構築するためにさまざまな取り組み

表 2-1　3 名のメンターによるメンタリングの取り組み（島田, 2013, p.147 を一部改変）

メンタリング機能のカテゴリー	メンタリング機能	拠点校指導教員	配置校指導教員	学年主任
専門的な発達を促す機能	コーチング	・授業づくり，教材研究，授業スキルに関する指導	・学校における教師の仕事全般に関する指導	
	アセスメント	・初任者研修の評価 ・児童の様子についてのフィードバック	・初任者研修の評価 ・児童の様子についてのフィードバック	
パーソナルな発達を促す機能	カウンセリング	・初任教師が抱える悩みの傾聴	・初任教師への声かけ	・初任教師の抱える悩みの傾聴と解決方法の模索
関係性の構築を促す機能	ネットワーキング	・授業づくりのモデルとなる教師の紹介 ・授業づくりに関するリソースの提供	・他の教師から協力を得るための調整 ・他の教師から助言を得るための機会の提供	・他の教師から協力を得るための調整 ・保護者から協力を得るための工夫 ・学級運営に関するリソースの提供
自立を促す機能	ガイディング		・経験の伝達と助言	・協働を通した「仕事の進め方」の体現
	ファシリテーティング			・仕事の役割分担 ・役割意識の醸成 ・初任教師の長所を生かす機会の提供

をしていました。

　しかしながら，こうした環境を誰かがどこかに準備してくれるとはかぎりません。むしろ，教師としてのレジリエンス形成においては，自らこうした関係を構築していこうとすることが重要なのです。第 1 章で言及されていた「自ら行動する」という側面です。例えば，ジョーダン（Jordan, 2004）は，「関係的なレジリエンス（relational resilience）」というモデルを提示しています。レジリエントであるとは，現状をはね返すことでは必ずしもなく，むしろ，ストレスや苦しみを超えながら，新しい，より包括的な個人，関係性の統合に向かっていく動きであるととらえられます。すなわち，たとえ自らにとって新たな，それゆえストレスを抱える環境に身を置いていたとしても，その環境の中でな

んとかやりくりしていくために関係を構築しようとする動きそのものが，教師としてのレジリエンスの発揮であると言えます。

　また，グー（Gu, 2014）は，「関係的なレジリエンス」に基づいて実施した調査から，次のようなことを明らかにしています。まず，同僚とのつながりが対等で感情的かつ知的ならば，ウェルビーイング，コミットメント，そして日々の仕事に対する自己効力感が保てることにポジティブな影響を与えるということです。それによって，教師が「知的な恩恵」と「感情的な恩恵」を得ることを可能にすると述べています。前者は，教師自身が学び，成長することを可能にすることを指します。一方後者は，外部からのプレッシャーや事務仕事の負担により，仕事の楽しさが低下していたとしても，職場を「すばらしい場所」だと思うことが可能になるということを指しています。

　さらに，グー（2014）は，管理職とのつながりによって，勤労意欲，モチベーション，コミットメントにポジティブな影響が及ぼされるとともに，コミュニティとしてのつながりが生み出されたり，その意識が高まったりするとも説明しています。このような関係性は，管理職や教職経験が長い同僚から，一方的にあなたに提供されるものではありません。確かに，「心地よい始まり」を経験した初任教師は，「苦痛を伴う始まり」を経験した初任教師に比べて，自己効力感を向上させるといった恩恵やポジティブな影響を受けていると言われています（デー・グー，2015）。しかし，初任教師あるいは若手教師が自ら行動を起こすことで，よりいっそう成長することができたり，仕事の楽しさ等の前向きな感情をより強く感じたりすることができます。「自分にとっての居心地のよい環境」は自らがつくり出すことができるという側面も忘れずにいてもらいたいのです。

（2）先輩教師や同僚と関係性を構築するための戦略

　ここまで，初任教師を取り巻く状況や管理職や同僚と関係性を構築することの必要性について述べてきました。あわせて，自らの成長に資する環境を積極的につくり出そうとすることが求められることにも触れました。例えば，小柳（2010）は，教師に求められる重要な資質・能力である「ディスポジション

（Disposition）」について，主に米国の動向を整理しています。教師の専門性に関するスタンダードである INTASC（Interstate New Teacher Assessment and Support Consortium Principle）には，「『知識』をまず筆頭において，その知識を意味づけ使いこなしていくために求められる特性・態度として『ディスポジション』が示され」（p.157）ています。そして，そこに示された 10 の原則のうちの 1 つには，「教師は，子どもの学習や健康的な成長を支援していくために，学校の同僚，保護者，より大きなコミュニティの中の支援者との関係性を密にしていく（よりよいものへと促していく）」（p.155）というディスポジションが位置づいています。このように，子どもの学習や成長を促すという観点からも，教師が同僚や保護者と関係性を構築することは必要であり，求められる資質・能力として位置づいているのです。

　それでは，あなたが初任教師だとしたら，先輩教師や同僚とどのように関係性を構築していくでしょうか。次に，そのための戦略について考えてみたいと思います。教師という仕事は，他の同僚と力を合わせて取り組むことが求められる一方，互いの実践を共有することはそうたやすくはありません。例えば，自身が授業をしているときは，他の教師も授業を行っています。それゆえ，研究授業等を除けば，互いの実践を観察することにも何かしらの工夫が求められます。

　こうした状況を踏まえると，自らが成長しようとして周囲との関係を築くためには，まず，自らの実践を他の同僚にも知ってもらおうとする「オープンマインド」が必要になると考えられます。すなわち，自らの実践を教室の中に閉じられたものにするのではなく「教室を開く」ということです。日本では，「授業研究」という営みが十分に根づいていますので，同僚に自らの実践を見てもらう機会もあります。そうした機会を有効に活用して，自らの実践を周囲に知ってもらったり，また，同僚の実践から学ぶことも，関係性の構築のための 1 つの手立てであると言えます。

　若手教師が急増している地域では，先輩にあたる同僚教師と若手教師，さらには，若手教師同士の関係性を構築しようとする取り組みが広がりつつあります。例えば，横浜市では，「複数の先輩教職員は複数の初任者や経験の浅い教職員をメンタリングすることで人材育成を図るシステム」（横浜市教育委員会，2011）である「メンターチーム」の実践を行っています。その活動内容は，「授

業を伴う研究」「児童理解や指導に関すること」「教材研究に関すること」「学級経営に関すること」「悩み相談に関すること」「同僚同士の親睦」等多岐にわたります（脇本，2015a）。

　さらに，メンターチームの実施にあたって，「先輩教師の経験談は若手教師の問題解決を促す」こと，「若手教師が話せることが若手教師の問題解決を促す」こと，「自律的にメンターチームの活動を行うことが若手教師の問題解決を促す」こと，そして「自律的にメンターチームを行う中で，経験10年以上の先輩教師が活動に参加することで若手教師の問題解決を促す」ことが効果的であることが明らかにされています（脇本，2015b）。ここでも，「若手教師が話せる」「自律的にメンターチームの活動を行う」等，若手教師が自ら行動するという側面が，彼ら自身の成長にも資することがうかがえます。

　また，初任教師あるいは若手教師が関係を築く対象は，メンターや先輩教師だけではありません。例えば，山﨑（2012）は，「最初の赴任校時代，教職活動の方針を決めたり，具体的方法を判断・選択したりする際に役立ったもの」は何であったかという問いに対して，「児童・生徒との日常の交流」「経験豊かな先輩教師の日常のアドバイス」「新任，若手教師同士の経験交流」の３項目がどのコーホートにおいても共通して支持を得ていたことを明らかにしています。さらに，新任期の実践は，日常の教育活動においてインフォーマルに機能している営みであり，それゆえ，その実践を遂行するための相談相手もインフォーマルな人間関係のもとでの存在であることを明らかにしています。こうした年齢や教職経験が近いもの同士の関わりは，「ピア・ネットワーキング」とも呼ばれており，初任教師にとってきわめて重要な関係性であると言われます（島田，2012）。このように，自身と経験年数の近い仲間との交流の場を協力してつくり出していくということも，レジリエンスの発揮につながる方策の１つとなるでしょう。

　また，木原（2004）は，ある初任教師の成長を支えた他者との共同を図2-1のようにモデル化しています。初任教師Kは学校内外において，さまざまな他者との関係性を構築していることがわかります。また，指導教員との関係性は「癒しと適応」，同学年や専科の教師との関係性は「反省の喚起」，研究者（外部の者）との関係性は「視点の転換」というように，複数の関係性が初任教師にとって

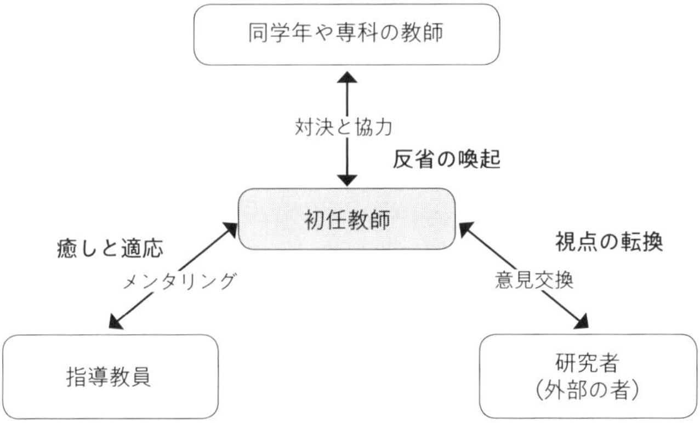

図 2-1　初任教師 K の成長を支えた他者との共同（木原, 2004, p.92）

さまざまに機能していることがわかります。このように，自らが教師であり続けることができるよう，1 つの関係性に固執することなく，幅広い関係性を築こうとすることも，レジリエントな教師が採りうる方策であると言えるでしょう。

WORK2-2
新しい環境において，関係性を構築する

　あなたは，初任教師として，新たなスタートを切りました。日々奮闘しながらも授業づくりについて不安を抱えているとしたら，自らがレジリエントな教師であり続けるために，誰とどのような関係性を構築することが重要だと思いますか。学校内において関わりをもつことができそうな同僚を複数挙げてみましょう。さらに，とりわけ重要だと思われる同僚を挙げ，その理由と関係性構築のためのアプローチを構想してみましょう。

■授業づくりについての不安を解消するために，誰と関係性を構築しますか。複数挙げてみましょう。

■先の質問で挙げた同僚のうち，特に自分がレジリエントであるために重要だと思われる同僚は誰ですか。

■上記のように考えたのはなぜですか。

■上記の同僚と関係性を構築するために，どのようにアプローチしますか。

3. サポートネットワークの維持

(1) 友人，家族等の学校外におけるつながり

　教師の仕事にとって，学校における同僚との関係性の構築が重要であることを確認してきました。先に挙げたデーとグー（Day & Gu, 2010）は，教師としての歩みに影響を及ぼす要因として，「個人的な出来事」も挙げていました。ここで言う「個人的な出来事」とは，具体的には，家族からのサポート，個人的な関係性，健康に関する問題等，学校外における生活全般に関わるものを指

しています。それを踏まえ，ここでは，教職を目指す仲間，友人，家族等，学校外の人たちとの関係性が，自らが教師を目指し続ける，あるいは教師であり続けるためのサポートネットワークとなりえることを確認していきます。

　教師の仕事の特徴の 1 つとして，その境界や範囲が明確でなく，またその区切りを設けることが難しいという「無境界性」を挙げることができます。そのため，学校での勤務時間が長引いたり，自宅に帰っても仕事のことが頭から離れなかったりするということが生じるのです。確かに，教師という仕事に真摯に向き合うことは必要です。しかしながら，あまりにも勤務時間が長引いたり，プライベートを犠牲にしたりすることが続けば，心身ともに疲弊し，前向きに仕事に取り組むことができなくなる恐れがあります。だからこそ，一人の個人としての自己を保つことは，教師であり続けるためにも重要な営みなのです。

　また，教師の感情については，第 5 章で詳しく扱いますが，教師は子どもたちと接する中で生じる感情をさまざまな方略を用いてコントロールしていることが明らかになっています。例えば，子どもとの関わりの中で生じたネガティブな感情を「子どもに感情移入する」「子どもを再評価する」といった方策で解消しようとしている様子が明らかになっています（Jiang et al., 2016）。つまり，子どもを怒ってしまいそうになったとしても，その子どもが置かれた状況や問題行動等の背景を理解し感情移入することで，自身のネガティブな感情を抑制しようとしているというのです。ホックシールド（2000）は，これを「感情労働」と名づけました。

　このような教職の「無境界性」や「感情労働」として側面を踏まえるならば，教師が肩の力を抜くことができる時間を確保することはきわめて重要であると考えられます。例えば，ある教師は，初任教師であった頃をふり返り，以下のように追い詰められた状況を語っていました。

　まず子どもとの関係がうまくいってない，学級経営がうまくいってなかったからだと思うんですけど，ずっとざわざわざわざわってしてる中で，「静かにしなさい」って私がずっと怒鳴っているような状態だったので，子どももさらに落ち着かないですし，私も精神的にストレスがたまって，怒鳴っているので声も嗄れて，体調もよく崩して，健康面も良くなかったんです。それに引っ張

られるように，やっぱり精神的にも不安定になってくるので，主任が何気なく
言ったことにも必要以上に落ち込んだりしました。

（教師Ｃへのインタビューより）

こうした時期，教師Ｃは，気晴らしをすることも難しかったそうですが，
家族の存在が支えとなったそうです。

家族にだけ，特に母親なんですが，母親にはずっと何だかんだとしゃべって
いて。（中略）いろいろ考えて相談は母親にはしてました。何かこれといった
気晴らしも，このときはできていないですし，それに向かって努力することも
できなくて，考えるのがしんどかったのです。もう不安で悶々とした日々を…。

（教師Ｃへのインタビューより）

教師Ｃの言葉を借りれば，この時期には，「（家族以外との関係を）遮断して
いた」そうです。2年目を迎え，児童との関係が良くなると，周囲の人々と関わ
ろうという気持ちになってきたそうです。その頃のことを，次のように述べて
います。

もう心の部分ではだいぶ改善されていて，健康面でも取り戻せていました。
この頃になってやっと同期の友だちとかにもそういう悩みを話したり，同僚以
外の人にも相談したりできるようになりました。高校時代の友だちとか，会っ
たときに話して，いろいろアドバイスというか，そんなのも聞けるような感じ
になったのです。

（教師Ｃへのインタビューより）

教師Ｃの例からは，自らの置かれた状況によって支えとなるサポートネッ
トワークは多様であることがわかります。初任時代には家族が，2〜3年目に
は同僚や旧知の友人が教師Ｃのサポートネットワークとして機能していまし
た。このように，支えとなるサポートネットワークを自ら選択すること，これ
もレジリエンスの発揮であると言えるでしょう。

WORK2-3
サポートネットワークを維持する

　あなたが教師であり続けるためのサポートネットワークについて，学校内外の関係性を想起しながら，自分にとっての意味を問い直してみましょう。

■あなたが教師であり続けるために，サポートネットワークになりうる身近な存在を挙げてみましょう。

■先の質問で挙げたサポートネットワークは，あなたが教師を続けていくうえで，どのような支えとなっていますか。

■もし，自分にとって重要なサポートネットワークを想起することが難しい場合は，どのような支えがあれば，教職を続けていくことができそうか考えてみましょう。

(2) ソーシャルメディアやオンラインコミュニティを通じた教師間のネットワークの構築

　教師のサポートネットワークとして機能するのは，対面できる身近な存在だけではありません。ソーシャルメディアを活用することで，学校を超えてより幅広い教師との関係性を構築することができます。ただし，教師がソーシャル

ネットワーキングサービス（SNS）を使用することに伴うトラブルが取り上げられるにつれて，その使用について危惧する声も聞かれます。当然のことながら，そのような問題が起こらないよう最大限の注意を払うことを前提として，対面以外での関係性の構築について考えてみましょう。

　これまでも，物理的な距離や時間的な制約を乗り越えて，教師の学びを支援しようとする取り組みが行われてきました。例えば，鈴木ほか（2010）は，Webベースの授業研究支援プログラム「eLESSER（LESson Study practitionER）」を開発・実践し，その効果を評価しています。テレビ会議システムを用いた教師間のやりとりや学習指導案のアップロード，撮影された授業映像のアップロードとストリーミング配信等が可能となっています。また，この取り組みでは，空間的制約，時間的制約が部分的に解消され，授業についての深く細かい議論が保証されており，さらには，このプログラムに観察者として参加していた若手教師がベテラン教師の授業改善過程から多くを学んでいたことが明らかになっています（鈴木ほか，2016）。こうした取り組みは，オンラインにおける教師の学び合うコミュニティの創出を実現していると言えるでしょう。

　このように，対面だけではなくオンラインの活用を視野に入れることで，教師として学ぶ機会の幅が広がるでしょう。例えば，同じような興味を抱いている，あるいは，同じような立場にある教師との交流も可能となります。このように，教師として学びたいことを学ぶことができるという状態は，教師が前向きに仕事をするためにも不可欠であると言われています。デーとグー（2015）は，継続的な専門性開発が教師の勤労意欲や授業実践を安定させるために重要であることを明らかにしています。そうした機会を自ら広く求めることが，レジリエンスの発揮につながると言えます。こうした研修プログラムだけではなく，ソーシャルメディアを通じた教師間の交流によって，日常的な情報交換が可能となったり，仕事へのモチベーションが喚起されたり，お互いが励まされたりする機会になるでしょう。

　自身にとってどのようなサポートネットワークがあれば，教師として前向きに歩むことができるのかということを考えてみましょう。そのことが関係性の構築を通じたレジリエンスの発揮へとつながっていくのです。

第 2 章のふり返り **WORK**

(1) 第 2 章の内容を踏まえて，以下の問いに回答しましょう。

①教師がレジリエントであるためには，関係性の構築が重要である。
（　はい　／　いいえ　）

②教師がレジリエントであるためには，学校内での関係性の構築にのみ注力すればよい。　　　　　　　　（　はい　／　いいえ　）

③教師がレジリエントであるためには，管理職や経験を積んだ先輩だけではなく，教職経験が近い教師同士の交流も有益である。
（　はい　／　いいえ　）

④初任・若手教師は，家族や友人との時間も仕事にあてるべきである。
（　はい　／　いいえ　）

⑤教師が関係性を構築するのは，対面で関わることができる人に限るべきである。　　　　　　　　　　（　はい　／　いいえ　）

(2) レジリエンス形成における関係性の構築について学んだことを文章にまとめてみましょう。（300 字程度）

さらなる学習のために

▶ **グループ・ディダクティカ（2012）『教師になること，教師であり続けること──困難の中の希望』** 勁草書房

　教師を取り巻く現状や若手教師の成長のほか，中堅期をむかえた教師の状況等が扱われています。自身を取り巻く状況を俯瞰したり，教師としての長い歩みを展望したりすることができる一冊です。

▶ **ピーター・M・センゲ，ネルダ・キャンブロン＝マッケイブ，ティモシー・ルカス，ブライアン・スミス，ジャニス・ダットン，アート・クライナー／リヒテルズ直子（訳）（2014）『学習する学校──子ども・教員・親・地域で未来の学びを創造する』** 英治出版

　子ども・教員・親・地域が力を出し合い「コミュニティ」としての学校をつくり出していくことを複眼的な視野のもとで論じた一冊です。新たな学校のあり方を考える手がかりが得られるはずです。

▶ **久冨善之（2017）『日本の教師，その12章──困難から希望への途を求めて』** 新日本出版社

　日本の教師を取り巻く状況の困難さを整理しながら，そうした背景を歴史的，文化的に考察した一冊です。教師という仕事をめぐる難しさの根源を探ることができるとともに，今後の希望を見いだすべく考察がなされています。

▶ **藤原顕, 遠藤瑛子, 松崎正治（2016）『国語科教師の実践的知識へのライフヒストリー・アプローチ──遠藤瑛子実践の事例研究』** 溪水社

　国語科教師である遠藤瑛子氏の授業実践について，ライフヒストリー・アプローチを用いながら，実践的知識の形成と変容という観点からまとめられています。教師の実践がさまざまな状況の中でつくり出されていることを感じることができます。あわせて，教師と研究者の共同研究による力量形成についても新たな地平が提案されています。

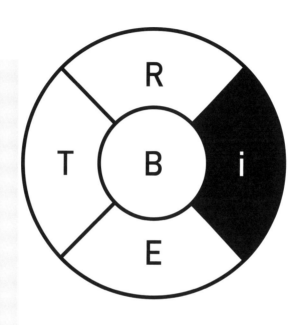

第 **3** 章

ウェルビーイングを高める

　本章では，まずウェルビーイングとは何かについて確認していきます。そして，個人のウェルビーイングを守るために心がけるポイントを学びます。そして，働き方改革で着目されるワーク・ライフ・バランスを実現するために意識すべき点を押さえます。最後に，モチベーションを維持するための視点について共通理解を図ります。

1.　ウェルビーイングとは何か

　"well-being" は，日本語の訳出が難しい言葉です。例えば，『ランダムハウス英和大辞典』（小学館，1993 年）には，「よい［満足すべき］生活状態，健康で幸福で繁栄している状態；幸福，安寧，福利，福祉（walfare）」という訳語が掲載されています。中谷（2007）は，「ウェルビーイング」を次のように定義しています。

　　個人の権利や自己実現が保障され，身体的，精神的，社会的に良好な状態にあることを意味する概念。1946 年の世界保健機関（WHO）憲章草案において，「健康」を定義する記述の中で「良好な状態（well-being）」として用いられた。最低限度の生活保障のサービスだけでなく，人間的に豊かな生活の実現を支援し，人権を保障するための多様なソーシャルサービスで達成される。一部の社会的弱者のみを対象とした救貧的で慈恵的な従来の福祉観に基づいた援助を超え，予防・促進・啓発といった，問題の発生や深刻化を防ぐソーシャルサービス構築に向けての転換が背景にある。

　先の訳語でも示された通り，"well（良好な）" + "being（状態）" を指すことがわかります。訳語のうち，「幸福」は "happiness"，「福祉」は "welfare" をイメージしてしまうので，本書では「ウェルビーイング」とそのまま表記します。
　先の中谷（2007）の定義通り，"well" が指しているものは，「個人の権利や自己実現が保障され，身体的，精神的，社会的に良好」という意味を含んでお

り，「多様なソーシャルサービス」によって実現されるものとなります。例えば，OECD は，2011 年から「OECD より良い暮らしイニシアチブ（OECD Better Life Initiative)」を開始し，「より良い暮らし指標（BLI：Better Life Index)」と呼ばれるウェルビーイング指標を調査しています[1]。その指標には，生活の

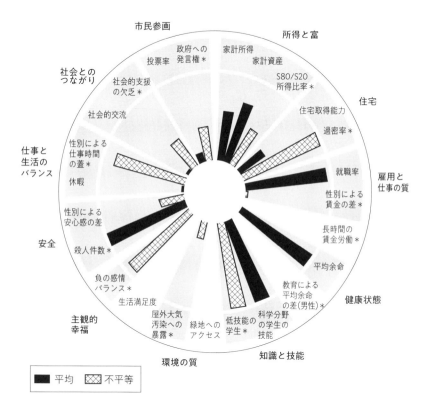

図 3-1　日本の幸福度（2018 年またはデータが利用可能な直近年）（OECD, 2020 より作成）

注：このグラフは，各幸福度指標について他の OECD メンバー国と比べた相対的な日本の強みと弱みを示している。線が長い項目ほど他国より優れている（幸福度が高い）ことを，線が短いほど劣っている（幸福度が低い）ことを示す（アスタリスク＊がつくネガティブな項目は反転スコア）。不平等（上位層と下位層のギャップや集団間の差異），「剥奪」閾値を下回る水準の人々など）は格子模様で表示され，データがない場合は白く表示されている。

• • • • • • • • • • • • • • • • • • •

[1] www.oecdbetterlifeindex.org/#/IIIIIIIIIII【2020/04/01 最終確認】

質に関わる暮らしの 11 の分野（所得と富，住宅，雇用と仕事の質，健康状態，知識と技能，環境の質，主観的幸福，安全，仕事と生活のバランス，社会とのつながり，市民参画）が設定されています。

　近年の調査では，日本の実態として図 3-1 のような結果が示されています（OECD, 2020）。例えば，就業率は高いですが，休暇や社会的交流の比率はきわめて低いです。主観的幸福は「昨日と比べて前向きな感情よりも負の感情を持つ人の比率」を指すため，本来低くあるべきなのですが残念ながらきわめて高い実態にあります。そして，投票率も政府への発言権があると感じる比率もきわめて低いです。この投票率や政府への発言権の低さをポジティブに転じることは簡単ではありませんが，主観的幸福の認識を改善することは取り組み次第では可能でしょう（投票率や政府への発言権の低さは，教育で取り組むべきテーマであることは間違いありません）。

　本章では，教師のウェルビーイングについて論じる中で，これらを考えるための視点を確認し，具体的に取り組めるアクションを考えていきます。

2. 個人のウェルビーイング

(1) 個人のウェルビーイングとメンタルヘルス

　個人のウェルビーイングを考えるにあたってメンタルヘルスは重要な要因の 1 つです。文部科学省（2018）によると，2017 年度の教育職員の精神疾患による病気休職者数は，5,077 人で全体の 0.55% を占めています。その数は，毎年 5,000 人前後で推移してきており，改善があまり見られません。割合からするとそこまで多くないとも見られますが，グレーゾーンを含めると一定数の教師がその問題を抱えていることが推測できます。

　教職員のメンタルヘルス対策検討会議（2013）は，精神疾患による病気休職の背景として，①業務量の増加及び業務の質の困難化，②教職員の業務の特徴等，を指摘しています。①については，残業時間の延長や報告書等の提出物の増加，生徒指導上の諸課題や保護者・地域との関係で困難なケースへの対応が求められることが挙げられています。この残業時間については，現在の「働き

方改革」では一定制限がかけられるようになりつつありますが，まだまだ解決にはいたっていないと言えるでしょう。②については，企業等と異なり職位に差がない教職員が多い構造のためラインケア（管理職が部下に対して個別の相談や職場の環境改善を行う取り組み）が十分でないこと，属人的対応が多く，個人で抱え込みやすい性質があることといった業務の特徴があります。それに加え，同僚に対して意見等を言いにくかったり，言いたいことが言えなかったりする雰囲気，仕事の悩みについて相談を受けた場合，相談者本人のメンタルヘルスを考えるよりも，仕事の仕方等についてのアドバイスが中心になる傾向等も指摘されています。

　そのため，教育委員会や管理職がリーダーシップを発揮して，メンタルヘルスに対応する体制や環境を組織的に整備することが求められているのです。第1章で確認した通り，個人の責任に帰するのではなく，適切なリソースを提供することが不可欠です。また，「相談者本人のメンタルヘルスを考えるよりも，仕事の仕方等についてのアドバイスが中心になる傾向」については，自身が行っている日々のコミュニケーションのスタイルを問い直してみる必要があります。教職という仕事の特性上，日々さまざまな場面で「指導」を行っています。先の傾向はこの指導が日常化する世界だからこそ起こってくる問題だとも言えます。相談対応にあたって，指導やアドバイスが先立っていないか，相談者の話をしっかり聞こうとしているか等，意識化して臨むことが求められるのです。

　上記の点が保障されることを前提としたうえで，個人としてメンタルヘルスを維持するためのアクションを考えていきます。個人のメンタルヘルスを維持するための一歩が，自身のセルフケアに対する意識を高めることです。教職員のメンタルヘルス対策検討会議（2013）は，「自分を客観視し，安定した気持ちで仕事ができるようメンタル面の自己管理に努めること」「自分自身のストレスに気づき，これに対処する知識や方法を身につけること」「メンタル面に不安を感じる際には，積極的に周囲の精神科医や産業医等に相談すること」の3点が重要だとしています。本章では，「ストレスの認知と対処」について，具体例を挙げながら説明していきます。

(2) ストレスの認知と対処

　人が生きていくにあたって，まったくストレスなく生きていくことは不可能です。ストレスという言葉から，家族や友人の死，退職，病気といった否定的な出来事に直面したときが思い浮かぶかもしれませんが，結婚や出産，昇進，就職，転職といった肯定的な出来事もストレスになります。そのような大きな出来事だけでなく，子どものトラブルへの対処，授業準備や提出物の締め切りに追われること，授業でタブレット PC を活用しようと思った矢先に故障したり起動しなかったりすること等，日々の生活でストレスを感じないことはありえません。

　しかし，ストレスがあることで，優れたパフォーマンスを発揮できる面もあります。スポーツ競技や演奏は，プレッシャーや緊張感があるからこそ集中力が高まり，それがないとよい結果が出ないこともあるでしょう。教師に関して言えば，公開研究会や研究大会の授業実践者になることがそれにあたります。準備してきたねらいや計画を実現できるか，多くの参観者がそれらをどう評価するか等，教師は強いプレッシャーや緊張感を感じるでしょう。また，子どもたちも参観者から見られることでいつもとは異なる雰囲気で授業を受けることになります。実際，そのような状況に置かれたからこそ，今までにない授業の盛り上がり，議論の深まり等を経験した教師は少なくないでしょう。

　この現象を説明したものが，「ヤーキーズ・ドッドソンの法則」です（図3-2）。作業量が最も高まるのはストレスが中等度にある場合であって，それが高くなりすぎると作業量はどんどん減少していきます。このことから，ストレスを適切な程度にコントロールしていくことが必要だとわかります。

　そのためには，まずストレスの兆候や症状を知ることが重要です。ストレスの兆候や症状がわかれば，ストレスを積極的に意識し，それに対処するための方法を取り入れることができるからです。表 3-1 は，ストレスの　般的な兆候と症状であり，身体面，精神面，感情面，行動面の 4 つの側面からとらえることができます。ストレスは，ストレッサー（ストレスを引き起こす刺激）とそれによって生じた反応ととらえることができます。

　それに加えて，ストレッサーに直面した際に，前向きに挑戦しようと思えるか，もうダメだと諦めるかによって反応の表われ方はまったく変わるため，そ

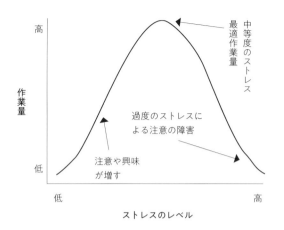

図 3-2　ヤーキーズ・ドッドソンの法則（アブラモウィッツ，2014，p.17）

表 3-1　ストレスの一般的な兆候と症状（アブラモウィッツ，2014，p.21）

身体	精神	感情	行動
頭痛 胸苦しさ 疲労感 息苦しさ 便秘 下痢 胸焼け／消化不良 性欲の低下 食欲不振 過度の発汗 循環器疾患 筋の萎縮 顎の疼痛 歯ぎしり 震え 胸痛 背部痛 潰瘍 筋痛／関節痛 腸過敏症候群 発疹／蕁麻疹／他の 　皮膚病 感染症 関節炎	集中困難 物忘れ 過度の心配 死へのとらわれ 決断不能 絶望感／無力感 破局視（必要以上に 　事態が困難だとと 　らえる）	怒り 不安 抑うつ 焦燥感 自責感 圧倒された感じ	過食 そわそわする／爪噛み 動機の低下／行動の減少 イライラ 喫煙 薬やアルコールの摂取量 　の増加 泣く カフェイン摂取量の増加 暴力 対人関係の葛藤

表3-2　コーピングの2つのパターン（中野，2016, p.46）

問題中心対処の例	情緒中心対処の例
・段階ごとに問題を考えてみる	・その出来事にプラスの面を見つける
・問題の解決方法をいくつも考えてみる	・一歩退いて出来事を冷静に見直す
・経験に照らし合わせて解決方法を考える	・誰かが助けてくれることを願う
・出来事の状況をもっと詳しく調べる	・スポーツで気分転換する
・問題解決のために積極的行動にでる	・最悪の事態に備えて心の準備をする
・専門家（医師，弁護士など）に相談する	・人に当たって気分をまぎらわす
・家族とその問題について話し合う	・食べることで緊張を和らげようとする
・友達に相談してみる	・タバコを吸って気を落ち着ける
	・すべて自分の胸のうちにしまっておく
	・忙しくすることで忘れてしまおうとする
	・どうにかなると考え，心配しないようにする

の出来事についてどのようにとらえるかも重要です。また，友人や同僚等からの支援が得られるかどうかによっても変わってくるでしょう。前者については本章と第5章で紹介する「楽観思考」「楽観主義」について関わるものであり，後者については第2章で学んできたことにつながります。

　ストレッサーへの対処過程を「コーピング」と呼びます。中野（2016）によると，コーピングは，問題中心対処と情緒中心対処の2つのパターンがあります（表3-2）。前者は，問題解決のために思考したり行動を起こしたりするものであり，後者は，気持ちを切り替えたり気持ちを別の方向に向けたりするものです。本書のテーマからすれば，前者のアプローチが望ましいと考えられます。しかし，逆境や重大な問題に直面したときほど，前者の対応に踏み出せないこともあるでしょう。それゆえ，直接的な問題解決にはつながりませんが，後者のパターンも知っておく必要があるのです。

WORK3-1
ストレスの認知と対処の言語化

　ストレスの把握とその対処を書き出すことで意識化しましょう。

■今何にストレスを感じていますか？

■ストレスを引き起こす要因や出来事（ストレッサー）は何ですか？

■ストレスによる兆候・症状は何ですか？（表3-1参照）

■ストレッサーについてどのようにとらえていますか？
　解決のために周囲から支援が得られそうですか？

■ストレッサーに対してどのような対処がとれますか？（表3-2参照）

(3) 健康的な生活を送ること

　個人のウェルビーイングの基盤となるのは，身体の健康であることは間違いありません。それを維持するためには健康的な生活を送ることが第一条件となります。健康的な生活を維持するには，適切な食事，睡眠時間の確保，適度な運動をとることが重要であることは多くの人が認識しているでしょう。何を意識する必要があるかを確認します。

　まず適切な食事を考える際のヒントになるのは，「食生活指針」です。これは，2000 年に文部省，厚生省，農林水産省が国民の健康増進，生活の質向上，そして食料の安定供給の確保を図るために策定したものです。2016 年に内容が一部改正され，現在掲げられている内容は以下の通りです。

・食事を楽しみましょう。
・1 日の食事のリズムから，健やかな生活リズムを。
・適度な運動とバランスのよい食事で，適正体重の維持を。
・主食，主菜，副菜を基本に，食事のバランスを。
・ごはんなどの穀類をしっかりと。
・野菜・果物，牛乳・乳製品，豆類，魚なども組み合わせて。
・食塩は控えめに，脂肪は質と量を考えて。
・日本の食文化や地域の産物を活かし，郷土の味の継承を。
・食料資源を大切に，無駄や廃棄の少ない食生活を。
・「食」に関する理解を深め，食生活を見直してみましょう。

　まず，食事のタイミングや食事の内容を含めて見直してみましょう。「適正体重の維持」という点からは，肥満だけでなくやせにも留意する必要があります。また，偏った食生活は，生活習慣病につながることも明らかになっているので，健康的な生活を維持するためにも意識しておくべきでしょう。

　続いては，睡眠時間の確保です。日本人の平均睡眠時間は，世界的に見てもきわめて短い実態にあります。スタティスタ統計部門の調査では，1 日あたりの平均睡眠時間は，調査対象 28 か国中，男性が 472 分で 27 位，女性が 456 分

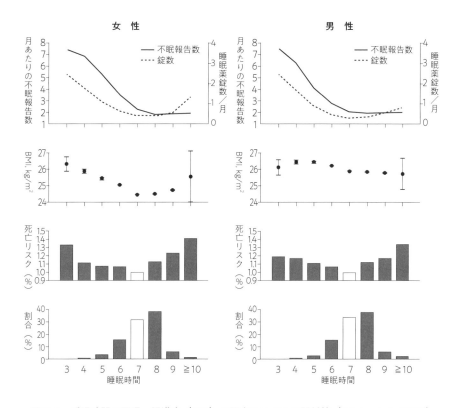

図 3-3　睡眠時間と不眠，肥満度（BMI）と死亡リスクとの関係性（Kripke et al., 2002）

で最下位という結果でした[2]。しかし，睡眠時間は長ければ長いほどよいわけで
もありません。短すぎるのも長すぎるのもよい結果を生まないことがデータか
ら明らかになっています。クリプケほか（Kripke et al., 2002）は，不眠，肥満
度と死亡に対する危険率，睡眠時間と死亡者の割合の関係性について報告して
います。不眠に関しては，睡眠が短いと死亡リスクがきわめて高く，睡眠時間
が長くなれば減少していくことがわかります。BMI と死亡リスクについても睡
眠時間が長くなれば減少していくのですが，7 時間を境に上昇に転じていくこ

• • • • • • • • • • • • • • • • • •

[2] https://www.statista.com/statistics/521957/time-spent-sleeping-countries/【2020.3.25 最終確認】

とが図3-3から確認できます。そのため，睡眠時間については，短すぎても長すぎても良くないと考えられるのです。自分のパフォーマンスが十分に発揮できる睡眠時間を把握し，それをキープすることが重要だと言えるでしょう。

　最後に適切な運動について，厚生労働省の，「健康づくりのための身体活動基準2013」（厚生労働省，2013）を見てみましょう。ここには，個人にとって望ましい身体活動・運動体力の基準として次のことが示されています。

○ 18 ～ 64 歳の身体活動（生活活動・運動）の基準
・強度が 3 メッツ以上の身体活動を 23 メッツ・時／週行う。
・具体的には歩行またはそれと同等以上の強度の身体活動を毎日 60 分以上行う。
○ 18 ～ 64 歳の運動の基準
・強度が 3 メッツ以上の運動を 4 メッツ・時／週行う。
・具体的には息が弾み汗をかく程度の運動を毎週 60 分行う。
○ 65 歳以上の身体活動（生活活動・運動）の基準
・強度を問わず，身体活動を 10 メッツ・時／週行う。
・具体的には横になったままや座ったままにならなければどんな動きでもよいので，身体活動を毎日 40 分行う。

　メッツとは，運動や身体活動の強度の単位であり，「安静時（横になったり座って楽にしている状態）を 1 とした時と比較して何倍のエネルギーを消費するかで活動の強度」を示すものです（澤田，2019）。国立健康・栄養研究所は「改訂版　身体活動のメッツ（METs）表」を公表しており，釣り全般は 3.5 メッツ，部屋の片付けは 4.8 メッツ等，さまざまな活動に関する数値がリストアップされています[3]。それを参考に上記の基準になるように運動を取り入れていきましょう。オースティンほか（Austin et al., 2005）によると，健康的な生活を送ることに必要だけでなく，運動を取り入れることがストレスに対する効果的

------

[3] https://www.nibiohn.go.jp/files/2011mets.pdf【2020/04/17 最終確認】

なコーピングになることを示唆しています。

「健康第一」「体が資本」という言葉通り，食事・睡眠・運動を意識し，健康な生活をキープすることが教職を持続するための基盤となるのです。

3. ワーク・ライフ・バランス

ワーク・ライフ・バランスは，日本でも定着しつつある言葉です。英語でも"karoshi（過労死）"という言葉が使われるほど，これまでの日本人は働きすぎで生活を犠牲にしてきた面がありました。そのような働き方ではなく，仕事に偏りすぎず，仕事と生活のバランスを考えていこうというのがワーク・ライフ・バランスです。

ワーク・ライフ・バランスを実現するにあたって主に意識すべきことは，「時間管理」と「仕事以外の関心を維持すること」の2つです。

(1) 時間管理

ワーク・ライフ・バランスを実現するための最も重要なポイントは，仕事の時間を決めるということになるでしょう。しかしそれは，教師にとっては思った以上に簡単ではありません。佐藤（1994）は，教職の特徴の1つに「無境界性」を挙げています。授業準備や教材研究は，突き詰めていけば終わりはありません。次章では，「専門的な学習共同体」の重要性を確認します。そのようなコミュニティで学ぶことは教師の力量形成にきわめて重要な機会となりますが，そこでの活動は勤務時間外に行うこともあるでしょう。そのため，ワーク・ライフ・バランスの観点から見れば，活動をセーブしたりのめり込みすぎたりしないことも意識しておかねばなりません。

時間管理を行うためには，まず，①目標を明確にすることです。それがはっきりすると今何に一番時間をかけなければならないかがクリアになります。そのうえで，②活動記録をつけて自分がどのような時間の使い方をしているかを自覚することが重要です（例えば，1週間継続して記録してみるとよりクリアになり

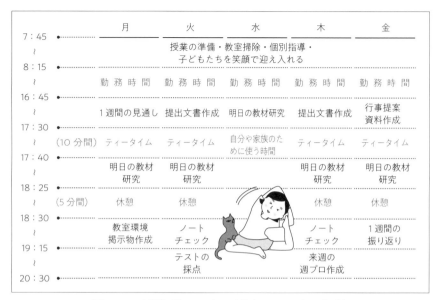

図 3-4　時間管理のモデル（藤木, 2019 より作成）

	月	火	水	木	金
7：45〜8：15	授業の準備・教室掃除・個別指導・子どもたちを笑顔で迎え入れる				
〜16：45	勤務時間	勤務時間	勤務時間	勤務時間	勤務時間
〜17：30	1 週間の見通し	提出文書作成	明日の教材研究	提出文書作成	行事提案資料作成
〜17：40（10 分間）	ティータイム	ティータイム	自分や家族のために使う時間	ティータイム	ティータイム
〜18：25	明日の教材研究	明日の教材研究		明日の教材研究	明日の教材研究
〜18：30（5 分間）	休憩	休憩		休憩	休憩
〜19：15	教室環境掲示物作成	ノートチェック		ノートチェック	1 週間の振り返り
〜20：30		テストの採点		来週の週プロ作成	

ます）。一生懸命頑張っているつもりでも実はダラダラと過ごしている時間があるかもしれませんし，時間の使い方を間違っていることがあるかもしれません。

　例えば，藤木（2019）は，図 3-4 のような時間管理のモデルを示しています。実際にこのように明確にできないことも多いでしょうが，ワーク・ライフ・バランスを実現するためにもぜひチャレンジしてみましょう。

(2) 仕事以外の関心を維持すること

　ワーク・ライフ・バランスを考えるにあたってもう 1 つ重要なことは，趣味や好きなことを大事にするといった「仕事以外の関心を維持すること」です。先に述べた通り，教師の仕事は突き詰めていけば終わりがないため，ともすれば授業や子どものことばかりを考えてしまいます。仮に勤務時間が限定されても，自宅で教材研究を進める教師は実際には少なからずいます。そのような状態が続けば，仕事ばかりの生活になりかねません。

　だからこそ，スポーツや楽器演奏，映画鑑賞といった自分の趣味を大切にすることは，仕事ばかりの生活への歯止めになります。また，趣味と呼べるものがなかったとしたら，食事，お酒，音楽，テレビ番組等何か好きなことに関心を向けるだけでもよいのです。それを大事にすることで，仕事以外の「自分」を意識することができます。

　例えば，自分の大好きなアーティストが2か月間後に近場でライブを行うことがわかっているとしましょう。しかし，その時期は成績処理に追われる時期にも重なっています。悩む気持ちもわかりますが，本章のテーマからすれば諦めるという選択肢は考えにくいでしょう。先の「時間管理」がしっかりできるならば，ライブに行くために業務の逆算や前倒しを早めに行うことができるはずです。仕事も仕事以外の関心も両立するマインドで臨みましょう。

WORK3-2
時間管理のための実態把握

　自身の時間管理について整理してみましょう。

■現在の目標を明確にしましょう。
例）将来の見通しや理想像，一番力をいれたいこと，今やらなければならないこと等

■ｌ日の生活時間を起床から就寝まで書き出しましょう。スペースに限りがありますので，別紙に書いてもかまいません。

時間	事項

WORK3-3

仕事が山のようにある状況で何ができるか

　以下の文章はこれまでの内容を読んでいない頃のあなただと想定してください。これまでの内容を踏まえて，どのような解決に向けてのアクションを起こしますか？

　学期の終わりも近づき，授業も終わらせなければなりませんし，成績処理にも追われていて，ほぼ仕事しかしていないように感じます。早朝から学校に行き，夜も遅くまで学校にいることもあります。土日もかなり仕事を持ち帰っているので，趣味に割ける時間はほぼありません。友人から来週日曜日に遊びに行こうと誘われていますが，あまり気分が乗りません。もちろん気分転換にはなりそうですし，行けば楽しそうなのですが，仕事のことを考えるとどんよりとした気分になります。働き方改革やワーク・ライフ・バランスという言葉はもちろん聞きますが，教師としてやるべき仕事が多すぎます。

■具体的な解決に向けてのアクション

4. モチベーションの維持

（1）教師になる理由

　動機（モチベーション）には，外発的なものと内発的なものがあることはよく知られています。例えば，賞罰や報酬といった外部要因によって規定されるモチベーションは外発的動機づけと呼ばれ，活動そのものから感じる満足感や楽しさから起こるモチベーションは内発的動機づけと呼ばれています。給与や待遇といった外発的動機づけに関する要素ももちろん重要ですが，教職を続けていくにあたっては，教師として実践から得られる満足感や楽しさを実感できるかどうかが重要です。教職におけるモチベーションの最も基盤となるのは，子どもたちとともに働く仕事に就きたい，教科の指導がしたい，子どもたちをよりよい方向に変えたいといった内発的動機づけではないでしょうか。実際，給与や待遇といった外発的動機づけだけで教職を選択した人はそこまで多くはないでしょう。

　内発的動機づけと関わって，「エンゲージメント」の重要性が近年認められてきました。エンゲージメントとは，「課題に没頭して取り組んでいる心理状態」

表3-3　エンゲージメントと非エンゲージメント（鹿毛, 2012）

	エンゲージメント（意欲的な姿）	非エンゲージメント（意欲的でない姿）
行動的側面	・行動を始める ・努力する／尽力する ・一生懸命取り組む ・試行する ・持続的に取り組む ・熱心に取り組む ・専念する ・熱中する ・没頭する	・受動的で先延ばしにしようとする ・あきらめる／身を引く ・落ち着きがない ・気乗りがしない ・課題に焦点が向いておらず不注意 ・注意散漫 ・燃え尽き状態 ・準備不足 ・不参加
感情的側面	・情熱的である ・興味を示している ・楽しんでいる ・満ち足りている ・誇りを感じている ・活き活きしている ・興奮している	・退屈している ・無関心である ・不満そうである／怒っている ・悲しんでいる ・気にしている／不安に感じている ・恥じている ・自己非難している
認知的側面	・目的を自覚している ・アプローチする ・目標実現のために努力する ・方略を吟味する ・積極的に参加する ・集中する／注意を向ける ・チャレンジを求める ・熟達を目指す ・注意を払って最後までやり抜く ・細部にまで丁寧で几帳面である	・無目的である ・無力な状態である ・あきらめている ・気の進まない様子である ・反抗的である ・頭が働いていない ・回避的である ・無関心である ・絶望している ・精神的圧迫を感じている

であり，「ポジティブな感情（楽しさなど）を感じつつ気持ちを集中させ，注意を課題に向け，持続的に努力するような『熱中』した心理状態」のことです（鹿毛，2012, p.30）。鹿毛（2012）は，表3-3のようにエンゲージメント状態と非エンゲージメント状態を比較しています。表3-3を見るとエンゲージメントとレジリエンスとにかなりの共通点があることがわかるでしょう。鹿毛（2012）は，エンゲージメントについて教師を例に挙げて説明しています。

　たとえば，優れた教師は，教えることや子どもの学びや成長に対して興味をもっていると同時に，教育という仕事の意義や子どもがよい学びをすること自体に価値を感じている。だから，よりよい授業を実現するために主

体的に努力するような意欲的な姿が見られるのである。　　　　（p.32）

　「よりよい授業を実現するために主体的に努力する」という高いパフォーマンスを発揮するためには，教職に「価値」を感じることが不可欠となります。オーストラリアの研究者が取り組んだ研究でも，教員志望学生が教職を目指すモチベーションとして価値が重要であることが指摘されています（Richardson & Watt, 2006）。また，その価値には，「教職に備わる価値」「社会的有用性の価値（未来を形成したい，社会的公平性を高めたい，子どもや青年に対する社会的貢献をなしたいという願い）」，そして「個人的有用性の価値（仕事の安定性，家族との時間，仕事の透明性）」の３つがあることが示されています。改めてどうして教師になろうと思ったのか（教員志望学生の皆さんはなぜ目指そうとしているのか）を問い直してみましょう。その答えは，何か問題に直面したときに踏ん張るための土台になるのです。

WORK3-4
教師になる理由

　教師になった理由，教職を目指そうとする理由を書きましょう。

（2）楽観思考

　モチベーションを高めるうえで，楽観思考は重要です。いくら教職に対して価値を感じていたところで，初任期には授業がうまくいかなったり，子どもとの関係で悩んだりするため，モチベーションの低下が起こりやすいと言えます。そういった事態を避けるために，ポジティブ思考や楽観思考は重要となります。これについては第5章でも扱いますが，ここではモチベーションとの関連で説明していきましょう。

　楽観主義者は，自分の将来はきっと良い方向に行くだろうと強く期待する人のことですが，それは漠然とした期待を抱いている人のことではありません。外山（2012）は，楽観主義者について次のように説明しています。

　　自分の行動がもたらす結果への期待は，モティベーションを引き出し，つまりは行動を引き起こす大きな原動力となるので，迎えるべき状況に対して前向きに挑戦することができる。困難に突き当たったときに，悲観主義者が目標から退き，不快な情動に心を向けてしまいやすいのに比べて，楽観主義者は自分がその目標に到達する可能性が高いと信じているので，他人の助けを借りることを含め，障害を乗り越える方法をいくつか試し，実際に困難を乗り越えることが多い。　　　　　　　　　　（p.238）

　上記の通り，行動がもたらす結果をよりよい方向に引き込むための積極的なアクションを自ら起こせる人が「楽観主義者」です。「授業がうまくいかない」と落ち込むよりも，「今はそうでも必ずうまくいく日が来る」と信じ，どうすればうまくいくかを試行錯誤したり，他者にアドバイスを求めたりできるかどうかが重要なのです。努力し続けた先には，よりよい結果がもたらされることは間違いないと言えますし，そうとらえることができれば，目先のことに右往左往させられることはなくなっていくでしょう。

（3）持続性と自己効力感

　モチベーションを維持している教師は，子どもとの良好な関係，彼らの成

長や学習を見ること，新しいプログラムや新しい挑戦を始める楽しさ等，「小さなこと」に喜びを感じていることがわかっています（BRiTE, 2018）。実際，教師の仕事は，大規模なプロジェクトを成功させるようなものや高額の契約を勝ち取るといった大きくかつ明確な結果が得られるものとはまったく異なります。ある教師が次のように語っている通り，日々の実践で小さな喜びを見いだし続けることができるかどうかが重要だと言えます。

> 自分のクラスに本当にしゃべらない男の子が1人いて，その子をどうしようかなとずっと思っていました。生活科の授業で，大きなサツマイモを作るって，新聞紙をたくさん使って作っていました。それを完成させたら，先生って，笑顔で本当にうれしそうに持ってきてくれたので，「ああすごいね，よくできたね」とかいう話をそこでしました。そこからその子が変わっていったんですよ。友だちともよく関われるようになってきたし，よくしゃべるようになったし。子どもって自分で何か一生懸命やった後って変わるんだみたいな。私の原点と言えば原点なのかもしれないですね。その子どもの姿は。
>
> （教師Dへのインタビューより）

　子どもが授業を通して変わっていく経験は，「原点」という言葉で象徴されるのに相応しいものです。

　ここでもう1つ重要なことは，自己効力感，すなわち「自らの実践が結果につながるという手応え」を感じることができるかどうかです。グーとデーは（Gu & Day, 2007）は，日々の行き詰まり等からの挫折から立ち直るためには，教師は強い自己効力感，すなわち教師としての自分の能力に自信をもつ必要があると説明しています。

　自己効力感を提唱したバンデューラ（Bandura, 1977）は，「期待」という観点でそれを説明しています。それは，「結果を生み出すために必要な行動をうまく実行できるという確信」（p.193）を意味する効力期待と，「与えられた行動が特定の結果をもたらすという人の予測」（p.193）を意味する結果期待の両輪でとらえられます。自分の実践がよりよい結果をもたらすという結果期待をもっていたとしても，その実践に取り組むことができるという効力期待をもっ

ていなければそれを実現することはできません。

　また，自己効力感の高低は，教師としての実践に大きな影響を与えることが明らかになっています。ケラー（2010）は高い自己効力感をもつ教師と低い自己効力感をもつ教師について次のように対比しています。前者は，「学習者の努力が継続するように，挑戦的な課題を設計し，学習者のアイディアを支持し，肯定的な学習環境を提供し，新しい指導方法を試み，より自立した活動に取り組ませ，より多くの自由を与え，困難に直面している学習者により多くの支援を与え，すべての学習者が討議に参加すること」（p.162）を促します。一方後者は，「能力の低い学習者を無視し，成功する確率の高い子に焦点をあてる。自分が教師として成功できない理由を，不十分な教育，両親の支援不足，そして学習者の課題を決定できないことなどの外部要因のせいにする」（p.162）のです。

　自分を信じること，そして日々努力とチャレンジを積み重ねること，それらを通じてよりよい結果を自分の手に引き寄せることが重要です。次章では自らアクションを起こすための「学び」の重要性を詳しく学ぶことにしましょう。

第3章のふり返り WORK

（1）第3章の内容を踏まえて，以下の問いに回答しましょう。

①ウェルビーイングは，人の内面に関する問題だ。

（　はい　／　いいえ　）

②仕事を進めるにあたってストレスは感じないほうがよい。

（　はい　／　いいえ　）

③健康をキープするためには，睡眠時間は長ければ長いほうがよい。

（　はい　／　いいえ　）

④子どものために全力を尽くすといった自己犠牲の精神は見直すべきだ。

（　はい　／　いいえ　）

⑤結果をよりよい方向に引き込むための積極的なアクションを自ら起こせる人が楽観主義者である。

（　はい　／　いいえ　）

（2）ウェルビーイングの重要性やそれを維持するための観点について学んだことを文章にまとめてみましょう。（300字程度）

さらなる学習のために

▶ ジョナサン・S・アブラモウィッツ／高橋祥友 (監訳) (2014)『ストレス軽減ワークブック——認知行動療法理論に基づくストレス緩和自習書　プレッシャーを和らげ，関わりを改善し，葛藤を最小限にする単純な戦略』金剛出版

　副題に「ストレス緩和自習書」と記されているように，ストレスやコーピングに関する理論を理解したうえで，ストレスを軽減するための数多くのワークに取り組むことができます。

▶ 堀毛一也(2019)『ポジティブなこころの科学——人と社会のよりよい関わりをめざして』サイエンス社

　ポジティブ心理学を基盤にしたウェルビーイング研究について詳しくかつわかりやすく説明されています。本章で扱った健康や自己効力感等についても諸研究を紐解きながら解説されています。

▶ 鹿毛雅治 (2012)『モティベーションをまなぶ 12 の理論——ゼロからわかる「やる気の心理学」入門！』金剛出版

　本章で紹介したエンゲージメント，自己効力感（セルフ・エフィカシー），楽観主義（自己認知）等，モチベーションに関する最新理論がわかりやすく解説されています。

▶ 中野敬子 (2016)『ストレス・マネジメント入門——自己診断と対処法を学ぶ [第 2 版]』金剛出版

　ストレス自己診断尺度が複数掲載されており，ストレスに関する自己チェックが複数の観点で行えるようになっています。また，認知や行動の修正，リラクゼーション等のストレス・マネジメントの取り組みも具体的で参考になります。

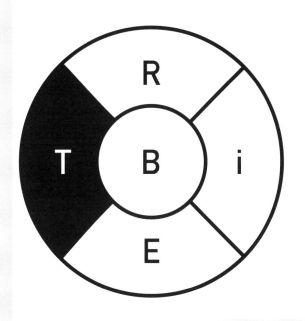

第 **4** 章

主体性を保つ

本章では，「自ら行動する」というレジリエンスの側面を体現する「主体性を保つ」ことに迫ります。主体性を保つとは，「学び」を大切にすることを意味します。本章ではまず，レジリエントな教師はなぜ学びを尊ぶのかについて，教室における教師の営みは葛藤のマネージングに他ならないという見地から解説します。次いで，教師の学びのベクトルの1つである，効果的なコミュニケーションのあり方について検討します。最後に，教師の学びは基本的には社会的な営みであるという前提のもと，その専門的な学びのあり方を考察していきます。

1. 学びを通じてレジリエンスを高めよう

第1章で述べたように，レジリエンスには「自ら行動する」という側面があります。これはその定義に，「リソースをコントロールできる」ことと「リソースを個人や集団で折り合いをつけられる」ことという2つの資質を含むためです。本章では，自ら行動することの中でも，教師の「学び」に焦点をあてます。レジリエンスを確かにしていくための方法に，絶対解はありません。状況が異なれば，コントロールできるリソースは変わります。また，同じリソースでも活かし方が違うかもしれません。妥当なリソースとその活用を教師は追究し続けることになります。それは，「学び」に他ならないでしょう。

教師が学びを通じてレジリエンスを高める視点として，本章では，「葛藤（問題解決）」「効果的なコミュニケーション」そして「専門的な学習」を取り上げます。

2. 教室における葛藤（問題解決）

(1) 誰もが遭遇する葛藤とその対処を通じた成長

教職の営み，とりわけ授業という行為は葛藤への対処であると解説されることがあります（佐藤，1995）。確かに教室は葛藤に満ちています。例えば，筆

者がその成長を追跡した初任教師は，当初は授業の進め方が遅い，他の教師に比べて進度が遅れがちであることに悩んでいました。しかし，11月になると，当該教師は，他の教師の授業の進度に追いつこうと思えばできるが，それをすると授業内容が子どもに定着しないことを嘆いていました（木原，2004）。読者の皆さんも，2つあるいは数多くの理想の間に揺れる経験をしているに違いありません。

実は，葛藤は，どんな教師の営みにおいても確認されることです。例えば，中堅教師であっても，自身の学級や教科の指導と学年団や学校組織の取り組みのペースやコンセプトがマッチしないという悩みに直面することがあります。

さらに，名人と呼ばれる教師さえも，葛藤状況に遭遇し，その解決に悩んでいます。そして，それを乗り越えて，成長しています。例えば，授業づくりの工夫を重ねてきたある教師は，国立大学附属小学校に赴任し，そこで初めて同僚に公開した研究授業で厳しい指摘を受け，それに十分に応じることができない自分がなさけなくなり，涙を流したことを告白しています（有田，1989）。

(2) 教師が遭遇する葛藤とその対処の類型

ここで，日本の教師がどのような葛藤に遭遇するかを考えてみましょう。葛藤には，大別すると「接近－接近」「接近－回避」「回避－回避」，そしてそれらの組み合わせ（二重接近－回避）という4種類のものが考えられます（戸苅，1979）。ここではシンプルに前3者を考えていきましょう。

「接近」とは，教職の場合は，こういう授業をやりたい，子どもをあのような活動に従事させたいといった，教師としての理想と考えてよいでしょう。回避とは，教師が，子どもたちにケンカをしないでほしい，授業離脱の状態を生じさせたくない等と，考えることです。例えば，小学校の教師が国語の授業中に，「子どもたちに文学的な文章で感じたことについてじっくりと話し合わせたい」という願いをもちつつも，「子どもたちに新出漢字やいくつかの言葉の意味をきちんと習得させなければならない」と考える場合，それは「接近－接近」の葛藤を意味します。それらは，どちらも教育目標なのですが，指導できる時間には限りがあるので，双方の実現は難しくなります。

　「接近-回避」の葛藤はどうでしょうか。先の国語の例で言えば,「子どもたちに文学的な文章で感じたことについてじっくりと話し合わせたい」という願いをもっていたとしても,子どもたちの人間関係が整っていないため,話し合いをさせると互いの意見について辛辣なコメントが出て学級の雰囲気が悪くなることが危惧される場合を考えるとよいでしょう。

　「回避-回避」の葛藤は,2つの避けたい状況の間で教師が悩む状況を想定してください。先の文学的な文章を鑑賞する国語の授業で検討してみましょう。ある題材に限定してじっくり鑑賞する場合,他の題材に興味のある子どもの意思を尊重できません。それが子どもたちの読書嫌いを招くことがあるとするならば,教師はそうならないようにしたいと思うでしょう。一方,ある題材に限定して鑑賞の方法論をきちんと指導しないと学力テストの成績があがらないかもしれません。学力テストの結果に対して教師や学校が責任を負わなければならないとされる風潮がある今日,多くの教師は,テストの結果が悪くなりそうな指導方法を採用したくないという気持ちをもつのも当然でしょう。

　こうした3種類の葛藤を個人的に,また仲間とともに解決していくアプローチの原理は,表4-1のようにまとめられます。

　「接近-接近」のタイプの葛藤については,どちらも望ましい教育活動なのですから,「優先順位」をつけることで対応可能であると思われます。先の例であれば,自分の学級の子どもたちの現状を踏まえて,「文学的な文章で感じたことについてじっくりと話し合わせること」と「新出漢字やいくつかの言葉の意味をきちんと習得させること」のどちらを先にこの時間に達成させるのかを検討するわけです。それには一般論はありません。ある学級では前者が優先されるかもしれませんが,別の学級では後者が尊ばれるかもしれません。同じ学級の子どもたちでも4月の学年スタート時と学年末では様相が異なるかもし

表4-1　教室における葛藤を解決するためのアプローチ

葛藤のタイプ	個人で	仲間と
接近-接近	優先順位をつける	他のスタッフに一部を任せる
接近-回避	時間をかける	他のスタッフに点検してもらう
回避-回避	個に応じる	学校としての方針に基づく

れません。それを当然視しつつ，教育活動の「焦点化」を図ることで「接近－接近」タイプの葛藤に応じられます。

　このタイプの葛藤のマネジメントに同僚の力を借りるのも，たいへん望ましいことです。教師は，一般に，子どもたちのためになることであれば，あらゆることに取り組もうという信条をもちがちです。しかし，このことは教職の特性である「無境界性」（佐藤，1996）を助長してしまい，その結果仕事に際限がなくなります。それを回避するためには，学校等の同じ組織に属する仲間が多様な教育活動に「分担」してあたるとよいでしょう。例えば，先の例で考えるならば，「新出漢字やいくつかの言葉の意味をきちんと習得させる」ことを徹底する場合，そのための学習支援を教員志望学生等による学習サポーターに任せるといった体制が考えられます。

　「接近－回避」タイプの葛藤にはどのように応じればよいでしょうか。この葛藤は，「時間をかける」ことで緩和されるように思います。例えば，「子どもたちの人間関係が整っていない」状態であれば，その解消にはある程度の時間を費やさねばならないでしょう。幸い，日本の学校における教育活動の多くは，年間計画に基づいて進められます。それゆえ，あるときに目標が達成されていなくても，それをリカバリーする時間を教師は一定程度手にしているのです。「今はダメでも，あとでなんとかなる」と状況を楽観視してみましょう。

　そして，このタイプの葛藤の解決にも，仲間の力を借りましょう。それは，状況の見極めにおいて影響力をもつに違いありません。例えば，先の例であれば，話し合いをさせるための人間関係が子ども間に形成されているかに関して，学級の子どもたちの指導を担当している，別の教師（例えば専科教師）に，あるいは当該学年を前年度に指導していた教師等に，自分の判断が妥当であるかを確認してもらうのです。これにより上述したような「後回し」を安心して行えます。あるいは，接近や回避の取り組みの緊急性についての意見をもらうことで，判断が変わるかもしれません。

　「回避－回避」の葛藤の克服には，多様性が欠かせません。先の文学的な文章の鑑賞で言うと，子どもたちの読書嫌いも基礎学力の低下も避けたいのであれば，それぞれの子どもたちの読書傾向や学力テストの結果に応じて，いくつかの手だてを準備すべきです。極端に言えば，ある子どもが文学を読みふけっ

ている傍らで，別の子どもが新出漢字の書き方を練習しているという状況を認めることです。そのような複線型の教育実践は豊富なリソースによって初めて成立することは言うまでもありません。学校として，子どもたちの多様性を是とした教育実践を展開する方針とそのための環境整備が必要とされます。第 1 章で確認した通り，教師個人の責任に帰するのではなく，レジリエンスを発揮できるための環境整備も進めていかなければならないのです。

(3) 授業レジリエンスのモデル

　読者の皆さんは，日々の教師としての営みにおいて，どのような葛藤に遭遇しているでしょうか。また，それにどのように応じているでしょうか。筆者は，かつて，授業づくりに関わるレジリエンス（授業レジリエンス）について調査を実施し，その結果を概念化したことがあります（木原, 2012）。そして，その結果を踏まえて，授業レジリエンスの「外接円」モデル（図 4-1）を作成しました。

　この図の意味するものを説明しましょう。まず，外接円たる「同僚との関係性」とその他の 3 つの要素は，その趣が異なります。前者は，困難に遭遇した際に，それを克服するための助けとなる教師の存在を意味しています。第 2 章で学んだ通り，その有用性は，いかなる問題解決であっても相違ないので，授業レジリエンスのベースに位置づきます。

　一方，その他の 3 つの要素は，克服の方向性を示しています。その中でも重要なのが，三角形の頂点に位置づけた「チャレンジ」です。授業づくりは，マ

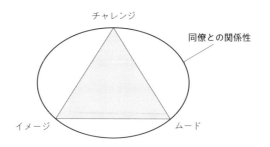

図 4-1　授業レジリエンスの「外接円」モデル（木原, 2012, p.32）

ニュアル化が難しい，創造的な営みです。したがって，授業者には，実践にあたって，何らかの意味で固有の工夫が求められます。それゆえ，チャレンジは，授業レジリエンスの主柱に位置づくのです。

　チャレンジを両脇から支えるのが，「イメージ」と「ムード」です。上述したチャレンジを，前者は知的に，後者は感情的に促すと考えられます。イメージは，課題克服のための材料を豊富に有していることを意味しています。ムードは，授業づくりに関する建設的な態度を指しています。それは，不本意な結果や失敗に耐える力であり，その厳しさを子どもとの人間関係の充実によって「しのぐ」あるいは「納得する」力です。

　このような構造を踏まえると，「同僚との関係性」を構築したうえで，まず「イメージ」や「ムード」に関わる資質・能力を高め，その後，「チャレンジ」を追究するというプロセスをたどって，自身の葛藤対処能力を整えていくとよいでしょう。

3. 教職における効果的なコミュニケーション

(1) その前提：傾聴と自己主張

　葛藤の解決には，他者とのコミュニケーションが欠かせません。そもそも，それが葛藤の原因であることも少なくありません。他者とのよりよいコミュニケーションは，葛藤を生じさせないためにも，それを緩和したり解決したりするためにも，重要なアプローチです。ここでは，その前提とそれに基づく実際的な取り組みを解説します。

　コミュニケーションの基本は，「傾聴」です。他者とのコミュニケーションでは最初に，相手の主張やメッセージを受け止めましょう。指導者であれば，子どもに対して，最初に言いたいこと，示したいことがあるかもしれません。それでもなお，まずは彼らの言葉に耳を傾け，その思いや考えに共感的に接するようにしましょう。そうすることで，彼らも教師の言葉を受け止めてくれます。

　レジリエンスに注目し他者とのコミュニケーションを考える場合には，「自己主張」も重要になります。それは，「傾聴」と対を成すものです。自分の思

いや願い，考えやアイディアを相手にわかりやすく伝えましょう。その際には，相手が自分とは異なる思い等を抱いているかもしれないという前提のもと，明解な論理とわかりやすい言葉を用いることが大切です。

(2) 子どもとのコミュニケーション

　教師がコミュニケーションを展開する相手は，なんといっても，子どもでしょう。彼らとどのようなコミュニケーションを繰り広げればよいでしょうか。相手が大人であれ子どもであれ，前述した「傾聴」と「自己主張」は，コミュニケーションにおいては尊重されなければなりません。

　一方で，学校や教室において教師が子どもを相手に繰り広げるコミュニケーションには，いくつかの独自性もあります。まず，その関係性が特殊です。一般に，教師は評価において優位な立場を有しています。特に中・高等学校の生徒は，自身の進路に関する成績や選抜のために，教師による評価に気にせずにはいられません。教師の期待に応じるよう，思考をめぐらせ，言葉を選ぶ可能性もあります。したがって，教師は，特殊な関係性によって，子どもとのコミュニケーションの内容や表現にひずみが生じていないかに留意する必要があるでしょう。

　また，幼い子どもを相手にする場合には，彼らの思い等がそもそも言葉にならないことも少なくないでしょう。それゆえ，教師には，そうした子どもの表情や身振り等を読み取りながらコミュニケーションを図る努力も求められるのです。

(3) 同僚とのコミュニケーション

　同僚間のコミュニケーションも，葛藤の原因になります。例えば，同じ子どもたちの指導を担当する教師間で指導観が異なれば，それは，おそらく「接近－接近」の葛藤を教師にもたらすでしょう。同時に，同僚とのコミュニケーションは，葛藤を緩和したり解決したりする術やアイディアを教師に提供してくれるかもしれません。第 2 章では，「先輩教師や同僚と関係性を構築するための戦略」を具体例として紹介しました。

　ところで，教師が同僚と繰り広げるコミュニケーションは，多元的になります。

ある小学校教師の場合を考えてみましょう。同じ学年の子どもたちを担当する教師と密に交わることは容易に予想できます。校長や教頭等の管理職，教務主任との連絡調整も，もちろん不可欠です。それに加えて，小学校にも音楽や理科等の専科教師が存在していますので，そのような教師ともやりとりが生じます。研究授業を実施するとなれば，校内研修担当者との意見交換も繰り返されるでしょう。各種の分掌に求められる役割を果たすためには，同じ分掌を担当する別の教師とも情報を交換したり，作業を分担したりする必要があるでしょう。

WORK4-1
音楽祭の開催にあたって

　皆さんが教師Ⅹであれば，誰にどのように相談しますか。複数の相談相手を考えてみましょう。

　本年度，教師Ⅹは，Ｏ県Ｔ市のＵ小学校に採用されました。同校は，Ｉ学年に４〜５学級がある，かなり大規模な小学校です。教師Ⅹは，うまくいかないことが少なくなかったＩ学期をなんとか乗り越えました。そして，２学期になると，子どもたちの実態に基づいた授業づくりを工夫しながら，ＩＩ月中旬にＵ小学校で催される音楽会に向けて，担任する学級の子どもたちのまとまりを高めようと考えていました。しかし，この学校行事の運営に悩みを抱えています。

　教師 X は，ここまで，音楽祭の開催に，学級の子どもたちとともに，時間と労力を費やしてきました。例えば，２学期早々，音楽会のめあてを子どもたちと一緒に考えて標語に表わしました。また，10 月になると，帰りの会で音楽会に向けた取り組みに関して，学級の仲間の協力のよさや次なる課題を話し合わせたり，代表の児童に発表させたりしていました。それらの過程で，教師 X は，音楽会の開催に向けて，自分の学級の児童が互いに思いやったり，助け合ったりする場面が増えていることを実感していました。

　ところが，教師 X は，ある日の放課後，学級の子どもたちが言い争っている場面に遭遇しました。この学級の音楽の指導は，教師 Z が専科教師として担当しています。その教師 Z が，音楽の授業中に，音楽祭で子どもたちが披露する合唱について，特定の児童（児童 A）の技能が低いので全体としてまとまりに欠けることを指摘したのです。そのため，子どもたちは，児童 A にもっと練習するよう，要請していたというわけです。しかし，児童 A が，技能は低くても，一生懸命歌っていることを教師 X はよくわかっています。その子どもは，音を聞いたり，発声したりすることに困難を抱えているため，他の子どもと同じように歌うことはとても難しいのです。

　教師 X は，そうした事情を同僚である教師 Z に説明しました。しかしながら，教師 Z は，「もちろん，そうした状況は理解している。しかしながら，児童 A は，潜在的には歌唱力を有しているので，時間をかければできるはずだ，それは児童 A にとってもよい経験になる」と述べ，さらなる努力を児童 A に期待していました。確かにそうかもしれませんが，児童 A の技能の伸びははかばかしくなく，放課後，教室で 1 人で，あるいは他の児童のサポートのもと，練習を重ねていますが，学級全体の歌唱には依然としてマイナスの影響を及ぼしています。そのことを，口にはしませんが，何人かの児童は不満を抱いています。教師 A は，児童 A，学級の残る児童，教師 Z の間にはさまり，どのような指導を児童 A や学級全体にすればよいか，わからなくなってしまいました。何日も考えても答えが見つからず，誰かに相談するほかには術がなくなりました。

■誰にどのような相談をしますか。

（4）保護者とのコミュニケーション

　保護者とのコミュニケーションがうまく進まないことは，近年，多くの教師が抱える悩みの1つになっています。これには，さまざまな原因が考えられます。高学歴社会を迎えて，教師の社会的地位が相対的に低下していること，SNS等を通じて保護者間で偏った情報が流通しやすくなったこと等，今日の教師は，数十年前とは異なる状況で保護者とコミュニケーションをとらねばなりません。

　保護者も教師も，子どもたちの健やかな成長を願うという意味では，同じ価値観を有しています。また，いずれも，子どもにとって「重要な他者」ですから，両者のコミュニケーションの不成立は，子どもに悪影響を及ぼします。

　教師は，保護者とどのようにコミュニケーションを図るべきでしょうか。子どもとのコミュニケーションもそうであったように，ここでも，「傾聴」と「自己主張」は欠かせません。加えて，保護者が教師に何かを問いかけたり，要請したりする場合，その窓口は教師個人であっても，その内容は学校の組織的な取り組みに関することが多いと考えられます。そのため，保護者とのコミュニケーションの過程では必要に応じて，例えば学年主任や教務主任，内容によっては管理職に，その報告や相談をしておくことが望まれます。すなわち，保護者とのコミュニケーションは，組織的コミュニケーションであるべきなのです。

4. 専門的な学習への従事

(1) 学び続ける教員像

　冒頭で述べた通り，レジリエントな教師であるために，学びは有用です。そもそも，次のような意味で，教師にとって成長に資する「学び」は必然なのです。

　まず，教職の営みは，人間，とりわけ発達途上にある子どもを対象とする営みであるため，状況依存的な部分が少なくありません。例えば，授業づくりにおいては，教師は，指導を担当する子どもたちの学力向上や人格形成のために，学習過程や準備物等を「個別的」「具体的」に検討せざるをえません。自らが指導する子どもたちにどのようなデザインの授業を提供するのが最善なのかは，誰かが正解を教えてくれるわけではないですし，どこかにマニュアルがあるわけでもありません。教師自身が，ベターな方策を探るしかないのです。

　ところで，子どもに培う資質・能力やそれを実現するための授業づくりには，普遍的な側面と時代に固有な側面とがあります。とりわけ，後者については，参照しうる理論・モデルや事例が少ない，その重要性が社会的要請によって急激に浮上するといった事情から，教師にとって焦眉の課題となりやすいものです。例えば，2017年改訂の小学校学習指導要領において，プログラミング教育の必修化が新たなテーマとして登場しました。プログラミング教育に関しては，中学校や高等学校での取り組みはありましたが，小学校ではほとんど取り組まれていませんでした。そのため，2017年の学習指導要領改訂以降に，各都道府県・市町村教育委員会，民間企業やNPO等がさまざまな教員研修を企画したり，児童が活用できる教材を準備したりしてきました。その他の学習活動と比較してプログラミングにあてられる授業時間はそれほど多くないにもかかわらず，関係者は相当なエネルギーを費やすことを余儀なくされています。

　今日，教職の遂行に付随する省察がいっそう重要性を増しています。なぜなら，日本を含む各国において，社会の複雑さが増し，どのような教育が子どもたちに必要なのかに関する明確な方針をもちにくいからです。とりわけ，子どもやその家庭をめぐる状況は変化が激しく，教師は，さまざまな意味で失敗に遭遇しやすく，挫折を味わいやすい傾向にあります。それは，教師と子どもたちやその保護者が感情的によりよい関係を築くことを難しくしています(デー・

グー，2015）。

　さらに，日本を含む各国では，競争主義を原理とする教育改革が推進されており，教師はその対応に追われています。一例として全国学力・学習状況調査の実施が挙げられます。その趣旨は，「全国的な児童生徒の学力や学習状況を把握・分析し，教育施策の成果と課題を検証し，その改善を図る」「学校における児童生徒への教育指導の充実や学習状況の改善等に役立てる」というものです[1]から，競争主義を原理とするものではありません。しかし，実態としては，その結果が都道府県順でマスコミに取り上げられ，順位が低ければ点数アップの対策に迫られるといったように競争原理が働いています。

　加えて，教師は，そのキャリアにおいて，子どもの学びを創出する営為を支える立場になることがあります。教育委員会指導主事の職に就いたり，管理職を務めることになったりすると，その役割を満たすために，新たな力量を身につけることを余儀なくされます。例えば，後者であれば，「校長の専門職基準」，それを満たす力量，そのための学びのスタイル等が提案されています（牛渡・元兼，2016）。

　教師像のこのような理解は，今日，「反省的実践家」として概念化される専門職像に合致します。それは，ショーン（2001）がある種の実践家たちが不確実な状況にあって「行為の中の省察」を繰り広げていることに注目して，それを概念化する際に用いた用語・概念です。言うまでもなく，教師が省察を繰り広げる対象は多様です。例えば，木原（2016）は，それを表 4-2 のように，整理しています。

　この表 4-2 の「代表的概念」の１つにレジリエンスが掲げられています。それは，批判的実践家としての教師像の一翼を担うものであります。木原（2016）では，批判的実践家について，「政治的圧力に屈せず，理想的な教職の追究を自我の核に据える価値観（アイデンティティ），それが社会的に尊い営みであることを是として職責を果たそうとする信念（コミットメント），教職につき

・・・・・・・・・・・・・・・・・・

[1] https://www.mext.go.jp/a_menu/shotou/gakuryoku-chousa/zenkoku/1344101.htm 【2020/04/10 最終確認】

表 4-2　変化する社会における教師像の 5 つの要素（木原, 2016, p.3）

	教師像	能力・資質	代表的概念
5	専門的な学習共同体のメンバー	学び続ける関係性	・同僚生 ・リーダーシップ ・パートナーシップ
4	批判的実践家（政治的社会的反省）	学び続ける意思	・アイデンティティ ・コミットメント ・レジリエンス
3	探究的熟達者（実践的反省）	・臨床的 ・問題解決力	・実践的知識・思考 ・多文化や学力格差に応ずるための指導力
2	技術的熟達者（認知的反省）	・知識 ・技能（スキル）	・PCK ・教授スキル
1	よき社会人	・教養 ・技能（スキル） ・精神的健康	・市民性 ・21 世紀型スキル ・幸福感，安定性

ものの失敗に耐え，それを続けようとする姿勢（レジリエンス）を有することは，教師たちが自己実現を遂げていくために，不可欠な能力・資質である」（p.7）と定義されています。

　レジリエンスを高めるための学びには，どのような省察がふさわしいでしょうか。表 4-2 から，レジリエンスは，マクロな視座に基づく，批判的教育学に立脚したものであることがわかります。それを是とするならば，レジリエンスを高めるための学びには，政治や社会から解放されて，教師が自らの実践を創造する舞台が設定されることが望まれるでしょう。それに該当するのは，あるタイプのアクション・リサーチです。秋田（2005）は，教育研究としてのアクション・リサーチの系譜を紹介していますが，そこでは，1960 年代のイギリスの行政によるトップダウンのカリキュラム改革等に抗して教師たちが自らカリキュラムを開発した史実が語られています。

　今日，例えば，中央教育審議会答申「教職生活の全体を通じた教員の資質・能力の総合的な向上方策について」において，「学び続ける教員像」が説かれる等，反省的実践家としての教師の存在は一般化されていると言えます（中央教育審議会, 2012）。ただ，それに，教師が学ぶことを，それも偏ったスタイルのものが押しつけられているという，ある種の抑圧があることを危惧する論

者もいます（山﨑，2017）。そのような危惧にも十分注意を払いながら，新たな実践の創造を自ら開拓していきましょう。

（2）専門的な学習共同体

　教師がその信念・知識・技術を豊かにする省察の営みは，自らのいたらない部分や不十分なところに光を当てるわけですから，当然ながら愉快なものではありません。また，どんなに努力したとしても，「不確定性」という教職の特徴から完璧な解を手にすることはありません。そうした困難を伴う，省察をベースとする教師たちの学びには，それを支え，促す仲間が必要です。近年，それは，「専門的な学習共同体（Professional Learning Communities）」と概念化されています。そして，この概念が具現化した学校は，「信念・価値・ビジョンの共有」「分散的・支援的リーダーシップ」「集団的学習とその応用」「支援的な諸条件」「個人的実践の共有」という特長を有しています（Hord & Sommers, 2008）。

（3）校内研修における学び合い

　日本における専門的な学習共同体の基本型は，学校をベースとするものです。具体的には，教師は，学校内の同僚と，時には学校外の教師等を交えて，教育実践に関するケーススタディ（授業研究等）や共同作業（例えば研究発表会や実践記録の文書化等）に従事し，自身の教育実践の省察を繰り広げることを通じて，成長し続けます。

　日本の教師の伝統文化である授業研究は，今や Lesson Study（レッスンスタディ）として，世界中の教師の学びのスタイルの共通項になりつつあります。読者の皆さんの学校でも，授業研究は実施されていることでしょう。しかし，その進め方は，同僚間の学び合いに資するものになっているでしょうか。そのための工夫にはさまざまなものがあります。例えば，木原（2009）は，図4-2のような企画・運営のポイントを提示しています。授業研究の充実は，この図のさまざまな点への配慮，具体的には校内研修担当者の企画・運営の工夫によって満たされていきます。

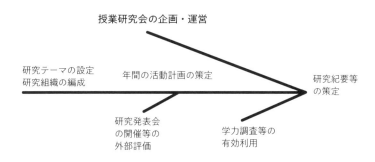

授業研究会の企画・運営

研究テーマの設定
研究組織の編成

年間の活動計画の策定

研究紀要等
の策定

研究発表会
の開催等の
外部評価

学力調査等の
有効利用

図 4-2　学校研究の企画・運営ポイントのモデル（木原，2009, p.30 を一部改変）

　授業研究において教師が主体的に学ぶ象徴的な場面は，研究授業後の協議会です。これを参加型，ワークショップ型で展開する営みは，すでに市民権を得ています。個々の教師が自らの授業づくりを進展させるための機会として，また学校としてそれを組織的に展開していくための舞台として授業研究を解釈するならば，教師たちの実践的知識やアイディアを十分に環流させる術が採られて然るべきです。

　なお，最近の授業研究会やそれを含む校内研修では，カリキュラム・マネジメントへの取り組みを重視する傾向にあります。そこでは，45 分や 50 分の 1 単位時間を滞りなく進める技術以上に，授業同士をつないで，年間指導計画や学校としての全体計画，さらには校種をまたいで子どもの資質・能力を育む計画が共同的に構想されています。さらにはその実施状況等が相互批評されたり，改善案が策定されたりしています（木原，2019）。教師のレジリエンスを高めるための主体的な学びに関して，カリキュラムという用語が頻繁に用いられることが望まれると言えるでしょう。

（4）他校の教師等との学び合い

　専門的な学習共同体の営みは，1 つの学校の校内の活動に限られるわけではありません。例えば，近年，幼稚園・保育園等と小学校，小学校と中学校，中学校と高等学校，高等学校と大学等といった異なる校園種間の連携が重視され

ています。ある中学校区の小・中学校の教師が一堂に会したり，グループを組んで集まったりして，子どもたちの育ちの連続・発展やそれを促す教育課程について意見交換するといった取り組み，すなわち小・中学校合同の教員研修の企画・運営は，もはや一般的になったと言っても過言ではないでしょう。木原（2011）は，広島県のある地域の2つの小学校における，算数の授業づくり，とりわけ数学的な考え方の指導に関わる共同研究，それを通じた「評価テスト集」の作成を紹介しています。また，カナダのある地域の複数の学校間の合同研修会，そこでの学校改善プランのピア・アセスメントの充実等も語られています。

　学校間選択があるような地域では，児童・生徒の獲得をめぐって学校がライバル関係に陥りがちです。しかしながら，専門的な学習共同体のネットワーク化は，木原（2011）のカナダの事例がそうなのですが，同一校種の学校間，中学校間等でも推進されています。

　日本の教師が築いてきた研鑽のための活動に，「サークル活動」があります。これは，学校をまたいだ，実践研究に関する教師のコミュニティです。日本では，いわゆる民間教育研究団体による運動が長い歴史を有し，教育現場の取り組みに示唆を与えてきました（田中，2005）。さらに，1980年代に登場した教育技術の法則化運動は，教師の実践知を集積し，環流させるためのシステムを構築し，その地歩を確立しました（安彦，2002）。現在は，その取り組みを発展させ，このコミュニティのメンバーは，インターネットを舞台にして，オンラインで情報を交換したり，事例や教材を共有したりしています。

　これらは全国規模の教育実践ネットワークですが，各地域に，大小さまざまな研究会が組織され，運営されています。その中には，毎週のように授業実践事例の報告会を開いているものもあります。逆に，1年に1度，大きな集いを催すケースもあります。いずれにしても，サークル活動は，日本の教師にとって，力量形成の貴重な機会であり，世界に誇る教師文化であると言えます。

（5）大学院等の高等教育機関における学び

　教員志望学生や現職教員の多様な能力・資質を培うために，先進国では，新

しい教育制度が創設されています。特に，教育に関わる理論と実践の往還，大学と学校現場の連携を旨とする制度が次第に整いつつあります。米国における，教職開発学校（Professional Development School）の営みは，教員養成，教育実践研究を大学と学校現場がパートナーシップを築いて進めていくための舞台として開発されました（小柳，2008）。

　日本においても，2006 年 7 月の中央教育審議会答申「今後の教員養成・免許制度の在り方について」における提言を踏まえた制度改正のもと，専門職大学院としての教職大学院が発足しました。教職大学院は，2019 年度では，全国の 54 大学に設置されています。そこで現職教員や教員志望学生が教師に求められる資質・能力を会得すべく，研究者教員と実務家教員の協働で大学院生を指導し，彼らに理論と実践の往還による学修を促しています。現職教員である大学院生はそうした大学スタッフとのコミュニケーション，彼らのスーパーバイズやコンサルテーションの活用に加えて，大学院生間でも実践を共有したり，それに対して相互にアドバイスを送ったりしています。

（6）学習プランの策定：教員育成指標の活用から

　以上のように，教師がレジリエンスを高めるために主体的に学ぶ舞台は多様に存在します。しかし，教師の時間は限られています。それゆえ，自らの学びを計画し，実行し，その過程や成果・課題を省察し，次なる計画を策定するという，学びのサイクルを主体的に構成することが教師には望まれます。

　それを考えるにあたって，教師の資質・能力に関わる「育成指標」を無視することはできません。これは，2015 年 12 月の中央教育審議会答申「これからの学校教育を担う教員の資質・能力の向上について～学び合い，高め合う教員育成コミュニティの構築に向けて～」において提示された，教師の資質・能力に関わるスタンダードです。教師の資質・能力に関して，「高度専門職業人として教職キャリア全体を俯瞰しつつ，教員がキャリアステージに応じて身に付けるべき資質や能力の明確化のため，各都道府県等は教員育成指標を整備する」（p.48）ことが求められることとなりました（中央教育審議会，2015）。これを踏まえて，教師は，自身の学びがどのような資質・能力の獲得にいたるのかを

見通して，その計画を策定することとなります。

　資質・能力は，任命権者ごとに作成されています。例えば，ある政令市では，「A 基本的資質」「B 子ども理解」「C 学習指導」「D 組織の運営と参画」という領域を設け，それぞれの領域に６〜９つの項目を準備して，資質・能力の細分化を図っています。そして，０ステージ（着任時に期待される姿），第１ステージ（初任教員期），第２ステージ（若手教員期），第３ステージ（中堅教員期），そして第４ステージ（中核・ベテラン教員期）という４段階を設定して，資質・能力の内容に深まりをもたせています。例えば，同市の育成指標の「C 学習指導」の項目の１つである「考え表現する学び」の場合は，次のようにレベル化されています。

- ■０ステージ：子どもの考えを引き出すことの重要性やそれを実現するための方法を理解している。
- ■第１ステージ：子どもの考えを引き出す発問を工夫した授業を実践することができる。
- ■第２ステージ：子どもの考えを引き出す発問や，積極的な表現活動を意識した授業を実践することができる。
- ■第３ステージ：子どもの多面的・多角的な考えを引き出す発問や，適切な表現活動を意識した授業を実践することができる。
- ■第４ステージ：子どもの考えを引き出す発問や表現活動を工夫した授業の模範を示し。学校全体で実践できるよう，教員の意識を高めることができる。

皆さんの地域の教育委員会も，こうした育成指標を策定しているはずです。**WORK4-2** では，それらをもとに自らの学びを計画してみましょう。

WORK4-2

教員育成指標を踏まえた学びの計画策定

　地域で策定された教員育成指標をもとに以下のフォーマットに沿って学びの計画を立てましょう。

学びの舞台	不足している資質・能力	いっそう伸ばしたい資質・能力
校内研修		
行政研修		
他校の教師との交わり		
大学院等での学び		
その他		

第4章のふり返り **WORK**

（1）第4章の内容を踏まえて，以下の問いに回答しましょう。

　①教師が教室で遭遇する葛藤は解決できない。

　　　　　　　　　　　　　　　　　　　（　はい　／　いいえ　）

　②教師は教室で遭遇する葛藤に１人で対処できるし，そうすべきである。

　　　　　　　　　　　　　　　　　　　（　はい　／　いいえ　）

　③教師が学校でコミュニケーションをとる対象として最も重視すべきは，子どもである。　　　　　　　　（　はい　／　いいえ　）

　④教師は，その経験の多寡にかかわらず，学ばなければならない。

　　　　　　　　　　　　　　　　　　　（　はい　／　いいえ　）

　⑤教師の学びの主柱は，校内研修である。　　（　はい　／　いいえ　）

（2）日本の教師がレジリエンスを高めるためにどのような学びを繰り広げているかをまとめてみましょう。（300字程度）

さらなる学習のために

▶ **佐藤学（編）（1995）『教室という場所』　国土社**

　特に I 章「教室のディレンマ」において，教育実践において教師が遭遇する葛藤の本質，様相が解説されています。

▶ **稲垣忠彦，寺崎昌男，松平久信（編）（1988）『教師のライフコース』　東京大学出版会**

　いわゆる，教師のライフコースリサーチの見地に基づいて教師の成長が語られています。その力量形成において鍵を握る「転機」は，すくなくともそのうちの一部は，本稿で述べている葛藤を意味しています。関連して，山﨑準二（2002）『教師のライフコース研究』創風社，山﨑準二（2012）『教師の発達と力量形成』創風社等も読んでみましょう。

▶ **千々布敏弥（2014）『プロフェッショナルラーニング・コミュニティによる学校再生』教育出版**

　著者は，専門的な学習共同体論の見地から，日本の学校の授業研究，校内研修のすぐれた点をわかりやすく解説しています。また，それを子どもたちの学力向上に結実させている，秋田県や福井県の取り組み事例が報告されています。

▶ **小柳和喜雄，柴田好章（編）（2017）『Lesson Study（レッスンスタディ）』　ミネルヴァ書房**

　日本の学校の伝統文化であった授業研究が，Lesson Study（レッスンスタディ）として，世界中の国々に広まっていること，それらには共通点と差異点があることが多くの事例をもとに語られています。世界の教師たちが，授業研究を通じて，主体的学んでいる様子を概観できます。

▶ **吉崎静夫（監修）村川雅弘，木原俊行（編）『授業研究のフロンティア』　ミネルヴァ書房**

　本書では，授業研究の理論と実践がよく整理されています。前者については，授業研究の意義，歴史，アプローチ，教師の力量形成等の視点で授業研究が概念化されています。授業研究とカリキュラム開発，校内研修，FD 等の関係も読者は見いだすことができます。後者については，その先導的事例，好事例に読者は接近できます。

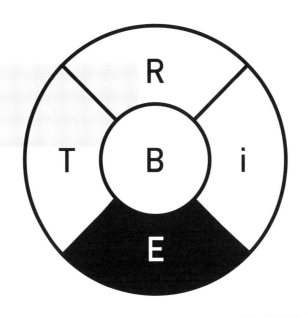

第 5 章

感情に意識を傾ける

本章は，BRiTE の最後にあたる「感情に意識を傾ける」がテーマです。本章では，それを具体的に考えるために，「感情への自覚を高める」「感情のマネジメント」「楽観主義を引き出す」の 3 つの視点を取り上げます。このような営みが，教師のレジリエンス形成においてなぜ必要であるのか，そして，どのような意義があるのかという点について考えていきます。

1. レジリエンス形成における感情の重要性

(1) 学校生活は感情豊かなもの

小学校や中学校等の入学式の日を思い出してみましょう。初めて教室に入り，初めて担任の先生や友だちと出会い，初めて教科書に触れたときのことを思い出してください。ドキドキ，わくわく，ソワソワ。このような擬態語が頭をよぎりましたか？　そのときあなたはさまざまな感情を経験していたのではないでしょうか。

イメージしやすい例として入学式を取り上げましたが，日常の学校生活において，こうした感情経験を，毎日重ねてきたことでしょう。例えば，授業の発表のとき，教師に指名してもらいたくて手を大きく挙げたり，逆に当たりたくなくて視線を逸らしたりしたときもあるでしょう。宿題を忘れたとき，教師に褒められたとき，テスト前や通知表を受け取ったとき，友だちと喧嘩したり仲直りしたりしたとき等，さまざまな感情が胸をよぎったことでしょう。

子どもたちだけではありません。読者の皆さんも，子どもや同僚，保護者等との関わりの中で，さまざまな感情体験を重ねておられることと思います。

生きていく中で良いことも悪いことも起こります。レジリエンスは，悩んだり苦しんだりする出来事が一定程度人生には起こると理解したうえで，そこから立ち直るしなやかさが重要であると理解する考え方です。そのしなやかさは，個人の心の構えと，周囲の人々といった個人を取り巻く世界によって生起すると考えられています。

（2）自分や子どもたちの気持ちに寄り添い，教室にユーモアを

　教師は，教室の雰囲気を感じ取って，子どもたちの心理的安全を高く保とうと働きかけることがあります。例えば，子どもたちが深刻になりすぎていれば，楽観的な姿勢で取り組むように伝えることがあるでしょう。また，時に冗談を言ったり，意識的に大きな声で笑ったり，にこやかにほほ笑んだりすることもあるでしょう。教師は，さまざまな手立てを講じながら，学級の感情的な雰囲気づくりに努めています。

　このように，自他に対して感情的に前向きな影響を意識的にもたらそうとすることが重要です。それができる教師のことを，「感情調整力が高い教師（emotionally competent teachers）」と呼びます（Corcoran & Tormey, 2012）。感情調整力とは，「自他の感情を理解し，感情的な手がかりを読んで他者の感情に応答し，自分の感情表現の結果を理解できる能力」と定義されます（Halle & Darling-Churchill, 2016）。こういった教師は，子どもたちや周囲の同僚に対して前向きな影響をもたらし，彼らの学びにもよい影響をもたらす存在となるのです。

　それでは，感情調整力が高い教師へとさらに自分を磨くための３つのポイントである「感情への自覚を高める」「感情のマネジメント」「楽観主義を引き出す」について，見ていきましょう。まず，「感情への自覚を高める」で「感情のマネジメント」を行ううえでの基礎的な知識を身につけ，次に「感情のマネジメント」の具体的方法について見ていきます。最後に「楽観主義を引き出す」において，物事への向き合い方を考えていきましょう。

2. 感情への自覚を高める

（1）感情とは何か

　感情にはさまざまな定義があります。上渕（2008）によると，感情は，情動と気分とに分けられます。まずは，情動と気分の違いを考えてみましょう。温泉に入ってのんびりしているときのゆったり感を，「いい感情」とは表現しません。「いい気持ち」や「いい気分」と表現することが多いでしょう。上渕（2008）によると，気分は，比較的長時間続き，特定の行為を呼び起こすことはあまり

ありません。また，生理的興奮度も低いです。一方，情動は，「嬉しい」や「驚いた」といったように，比較的短時間の間に生じ，生理的興奮度が強く，特定の行為（身体的反応）を呼び起こしやすい傾向にあります。以下の本論では，感情は，情動と気分の双方を含んだものとしてとらえていきます。

　それでは，どのような感情のとらえ方があるでしょうか。感情のとらえ方には，ミレンソンの 3 次元モデルや，ラッセルの感情円環モデル等，さまざまな研究があります。興味があれば，ぜひ調べてみてください。ここでは，バレッド（2019）を取り上げ，近年の感情の理解について，「情動粒度」というキーワードをもとに確認してみましょう。

　まず色のとらえ方を考えてみます。「青色」と一言で言っても，群青なのか，シアンなのか，コバルトブルーなのか，画家やカラーコーディネーターであればより細やかに識別できるでしょう。「情動粒度」とは，感情を色と同様に考えるものであり，感情を精緻に識別できる細やかさのことを指します。自分や他者の感情をとらえる際，「ヤバイ」「いやな感じ」といったざっくりとした言葉でしか説明できない人は，情動粒度が荒いと言えます。一方，「喜び」の感情 1 つとっても，「嬉しさ」「歓喜」「ウキウキ」「めでたい」「欣喜雀躍」といったより多彩な言葉で説明できる人は，情動粒度がきめ細かいと言えるのです。

WORK5-1
自分の感情表現を確認しよう

　自分の感情表現について整理してみましょう。

■日常的に自分の感情状態を表現する際に用いている言葉を，思いつくかぎり書き出してみましょう。ただし，あまり使っていないものは，書かないようにしましょう。

■辞書やインターネット等で調べましょう。感情を表現する言葉を調べ，あまり使っていないものや，意識していなかったものを，書き出していきましょう。

例）【まったり】：「ゆったりのんびりとしているさま。そうした状態の気分のこと」

WORK5–1 で確認した通り，場面や状況と感情を表わす言葉は必ず一対一対応するわけでも，唯一無二の正解表現が存在するわけでもありません。ですから，感情を表わす多様な言葉を知ったり，自分の表現の傾向や多様性を確認したりすることが重要です。

（2）日常生活において感情が果たしている役割

ここでは，感情の仕組みや機能についてより深く考えるために，感情が私たちの日常生活において，どのような役割を果たしているのかについて考えてみましょう。

「エピソード記憶」という言葉があります。例えば，高い階段から落ちたり，目の前に車が飛び出してきたりする等，危ない場面に遭遇した際に，私たちは恐怖の感情を抱きます。その感情が強ければ強いほど，一連の出来事やその解釈が記憶に残りやすいと考えられます。このように，感情は，ある状況において経験したことを記憶する際のタグのようなものとして機能するのです。

また，感情には，自己と他者の共感的理解を促す機能もあります。例えば，

　温泉につかりながら，海外の方と微笑み合うだけで，言葉は通じなくても，どのような気分であり，どういった心身の状態にあるのか，温泉が何を個人にもたらしているのか，なんとなく推察できます。さらに，嬉しい，悲しい，苦しいといった感情も，それを表わす言葉，表情や行為等を介して，自分の状況や物事の受け止め方を，他者に共感的に理解してもらいやすくします。例えば，「しんどい」という言葉があります。心身の状態や，仕事の困難さを意味する言葉です。「いやー，しんどいですね」と言葉に出したとき，「たしかに，しんどいですね」と応答されれば，「しんどい」という言葉が共感的理解を相互に促す働きをしているのです。しかし，あくまで推察できるだけである，ということを忘れてはなりません。同じ温泉に入って，似たような表情を浮かべていたとしても，個人ごとに実際に感じていることは異なります。また，ある状況に対する解釈や評価も一人ひとり異なり，身体的反応にも個人差があります。

　感情は，人類全員に普遍的で共通のものではありません。同じ言葉を用いていたとしても，人によってニュアンスが異なることが間違いなくあります。例えば，「しんどい」という言葉を用いても，人によって心身の状態はまったく異なると言ってもよいでしょう。特定の刺激により，特定の生理的反応が誘発され，人類皆がまったく同じ感情を抱くことはありえないのです。もちろん，同一人物であっても，同じ言葉で感情を表わしたとしても，毎回そのニュアンスは異なるでしょうし，心身の状態もまったく同じであることはほとんどないでしょう。なぜなら，感情は，その都度，出来事や状況に対する解釈や評価によって構成されるからです。バレットは，こうした感情の理解を「インスタンス」という言葉を用いて説明しています。バレット（2019）に紹介されている例を，筆者が補足した桜島の噴火で，このインスタンスという感情の理解の仕方を説明してみましょう。

　私たちは，個別具体の感情を細かい差異ではなく，類似性が高いという視点でとらえ，喜びや悲しみといった感情のカテゴリーを社会的に構築しています。ここでは，「噴火」を例に考えてみます。桜島は一定規模以上に限ってみても，多いときで年間 1,000 回以上噴火しています。ちなみに噴火とは，気象庁の定義によると「火口からマグマや火山灰等が急激に噴出する現象」です。私たちは，令和〇年〇月〇日何時何分に桜島で起きた噴火の個別具体の差異点ではなく，類似性が高い点に注目して噴火を認識しています。しかし，厳密には灰の

量や降灰地，噴火口等が毎回異なり，まったく同じ噴火はありません。実際に同じ噴火と表現されるものでも，噴石が飛んでくる深刻なものから，降灰がひどいもの，まったく気づかない程度のものまで含まれます。だからこそ，そこで生活する人々は噴火を敏感にとらえて行動しています。

　話を感情に戻しましょう。噴火の例と同じように，同じ感情だと思っても，厳密には異なる状況や背景が間違いなくあります。まずそのことを理解し，その出来事を自分はどのように解釈したり評価したりしているかを，時折立ち止まって考えることが重要となります。「情動粒度」のことを思い出してみましょう。感情をより細やかな表現を用い，感情を引き起こす状況や背景を認識することができれば，それに応じて心身の準備を整えることが可能になります。もし「ヤバイ」という言葉でしか感情を表現できなければ，感情を粗くしかとらえられず，状況や背景も曖昧にしか把握できないでしょう。バレッド（2019）は，「『喜び』『悲しみ』『恐れ』『嫌悪』『興奮』『畏怖』等の言葉を用いて種々の感情を区別する人は，それぞれの情動に対して身体的な兆候や反応を検知し，正しく解釈できる」（p.21）と説明しています。

3. 感情のマネジメント

　これまで感情とは何か，そして日常生活にどのような役割を果たしているかを説明してきました。そして，特に感情を的確に把握することが重要であることを確認してきました。感情のマネジメントとは，それらを基盤にしながら，感情をコントロールしたり解放したりすることを指します。マルティネス＝ロルカほか（Martínez-Lorca et al., 2018）は，次のように感情のマネジメントの重要性を指摘しています。

　　適切な感情のマネジメントは，心理・社会的な健康，よりよいセルフケア，そして個人の満足感に直接的に関係していきます。なぜなら，私たちの人生におけるそれぞれの瞬間に最高の感情で生きることをより学べるならば，それによってより，人生に適応していくことができるからです。　　（p.145）

　感情のマネジメントが必要となるのは，やはり他者との関係性においてだと言えるでしょう。例えば，「怒り」の感情を感じる場面を考えてみましょう。子どもとの関わりでは，授業中にいくら促しても騒がしい状態が続く，注意したのに反抗的な態度をとる，同じことを繰り返し指摘してもまったく変わる気配がない等が挙げられるでしょう。同僚との関わりでは，仕事が自分に集中する，同僚から不当に批判される，前向きな提案を面倒だからと却下されるといったことが挙げられます。そして，保護者や地域からさまざまな苦情やクレームを受けることもあります。どれほど相手に非があったとしても，怒りに身を任せて対応してしまうと良い結果を生まないことは間違いありません。だからこそ，怒りをぶつける前に数秒我慢してみること，状況や場面を丁寧に記録すること，これまでと違う対応を選択してみること等，別のアプローチをとってみることが重要です。

(1) 情動粒度を高めよう

　感情を的確に把握することが感情のマネジメントにあたって鍵を握ります。ここでは，バレッド（2019）を参考にしつつ，情動粒度を高めるためのポイントを確認していきます。

　まず，感情に関する語彙を増やすことです。**WORK5-1** で取り組んでいただいたことは，情動粒度を高めるための準備活動だったということです。

　次に，さまざまな語彙から，日常生活をとらえ直してみましょう。先にも述べましたが，同じ人間が同じ言葉で感情を表わしたとしても，毎回そのニュアンスは異なりますし，心身の状態も，厳密には同じではありません。ですから，個別具体の状況に合わせて語彙を選んだり，そのときの状況を思い出したりして，自分や他者を含んだ，世界の理解の仕方を見つめ直してみるのです。

　そのためにも，授業等の実践を省察することは重要です。例えば，授業実践にあたって，報われたという満足感と期待とのズレから生じる自責感という背反する感情に出合うことがあります。例えば，連日，眠気と格闘しながら遅くまで授業の準備に取り組んでいる最中に「最近子どもたちの笑顔が乏しいな」と思い立ち，なぜかこだわって考えてしまった冗談で子どもたちが一斉に笑ってくれたときの満足感と，冷静になってみると，授業で見たかった子どもの姿

は冗談で笑うところではないことに気づいた自責感です。それは果たして誤りだったと言えるのでしょうか。授業に関する子どもたちの振り返りや日記をノートで確認しながら実践を省察したときに，最近，冗談すらあまり言えないほど疲れている自分の姿に気づいたり，子どもたちに心配をかけていたことに気づかされたりすることがあります。そこから，改めて教師の姿と子どもの姿がどこか共鳴し合うものだと考え直すきっかけが与えられるかもしれません。

　このように，手ごたえや満足感，うまくいかなったり失敗したりしたという自責感等は，日々の実践に大なり小なり伴うものです。それを「うまくいった」や「失敗した」という大くくりの言葉でのみ記すのではなく，そのときに感じた感情を表現しながら，前後の文脈やその意味づけがわかるような具体性をもって振り返りましょう。このように，情動粒度を高めるために，実践を時には省察し，出来事の意味づけや世界の理解の仕方を確認しましょう。そうすることが，自己の意図した，あるいは意図していなかった実践の価値を発見したり，自分を含めた学級の状況認識や評価の深化につながったり，教育とは何かといった本質的な問いに関わる自己の探究を助けてくれたりするでしょう。

　この他にも，情動粒度を高める取り組みとして，いつもとは違う何かに挑戦してみることが挙げられます。いつもは食べない味のラーメンを頼んでみたり，ちょっと新しい服やカバン等の購入を考えてみたり，行ったことのないところへ旅行してみたり，見たことのない映画を見てみたり，本を読んでみたりといったように，些細なことから大きな挑戦までどのようなことでもかまいません。バレッド（2019）によると，こうした挑戦がさまざまな感情を表わす語彙等の精度を高めたり，それらを組み合わせて新たな感情を表わす表現を生み出したりすることにつながるのです。そして，それらが，物事に対する自分の予想や行動を変えていくきっかけや仕組みを自ら生み出すことにつながっていくのです。

WORK5-2
感情体験の省察

　本文を参考に，個別具体の状況と，それに関する感情体験をセットにしたエピソードをまとめましょう。

■状況設定
例）深夜に，家族に隠れてひっそりと１人でラーメンを食べる罪悪感と高揚感

■エピソードの概要

■世界の理解の仕方：自分のことや周囲の人との関わり等，改めて自分を取り巻く世界を，このエピソードの振り返りを通して，どのように自分が理解しているかを記しましょう。
例）自分も家族も私の健康や体型を気にしているが，深夜のラーメンは，その期待や自意識を裏切るものである。しかし，その夜食には背徳的な魅力がある。

WORK5-3
アクションプランの構想

　以下の項目から，挑戦したいことを選択しましょう。複数選択可です。
例）【旅行】旅行に行って食べたことがないものを食べる

■衣・食・映画・本・旅行・運動・その他（　　　　　　　　　　　　　　）

■アクションプランを，具体的に立ててみましょう
　・いつ………（　　　　　年　　　　月　　　　　日）
　・どこで……（　　　　　　　　　　　　　　　　　　　　　　）
　・誰が………（　　　　　　　　　　　　　　　　　　　　　　）
　・何を………（　　　　　　　　　　　　　　　　　　　　　　）
　・どうする…（　　　　　　　　　　　　　　　　　　　　　　）
　・その他……（　　　　　　　　　　　　　　　　　　　　　　）

■それによって，どのような感情体験をすることが期待できるかについて，
調べた感情の語句等をもとに，記してみましょう。

■実際に挑戦してどうだったかを記しましょう。

（2）心理的安全の保障を高める

　個人レベルではなく，学校や学級といった組織レベルにおいても，感情のマネジメントが注目されるようになってきました。組織文化には，認知的文化と情緒的文化の２つがあると考えられています。バーセイドとオニール（2017）によれば，認知的文化とは，「目標達成の指針としてメンバー間で共有される，知的な理念，規範，成果，前提など」を指します。これに対し，情緒的文化は，「メンバーが共有する情緒的な理念，規範，成果，前提などであり，これによって職場で人々がどのような感情を示すか，または，抑えたほうが無難な感情は何かが決まる」とされています。彼女らによれば，組織は構成員が共有している情緒的文化に影響を受けますが，そのことについてはあまり注目されず，前者の認知的文化のほうが取り上げられることが多いとのことです。

　確かに学校には，多くの書類が存在します。例えば教育課程が挙げられます。そこには学校の教育目標や，さまざまな年間計画等が記され，その目標達成のために，いつ，誰が，何をどうするのかが記されています。このように，認知的文化に関する情報は，書類において「見える化」されており，それゆえ認識しやすく，それについての計画，実施，評価および改善が議論されやすいのでしょう。

　認知的文化に比べて目に見えにくい，あるいは意識しにくいとはいえ，学校や学級にも情緒的文化が存在しています。例えば，「みんなが笑顔いっぱいで，ワクワクとドキドキを大事にし，さまざまなことにチャレンジする３年Ｂ組」といった学級目標には情緒的文化が示されています。

　筆者の知るかぎり，学級目標は，具体的な到達目標として設定され，評価の規準や基準によって子どもたちと学級の状況についての評価・改善を図るという使われ方はあまりしません。どちらかといえば，教師と子どもがどのような学級にしていきたいかという思いや願いを語り合い，それを集約し，この学級では何を大事にしていくのかを共有し，そのことを意識することで学級経営を推し進めていくために用いられています。田中（1995）が提唱している「学級力」という興味深い取り組みもありますが，帰りの会や学級通信等で学級目標に向かう子どもを取り上げたり，行事等の節目において学級の集団の様子を確認したりと，学級目標はある種の指針のような位置づけになっているように思

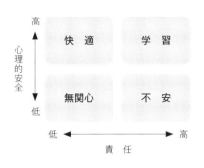

図 5-1　心理的安全と責任（4 つの意識的原型）（エドモンドソン, 2014 より作成）

います。

　日本の多くの教師が学級経営等において大事にしているように，こうした組織の情緒的文化のマネジメントは，組織の構成員の学習にも関係が深いと考えられています。エドモンドソン（2014）は，心理的安全の保障が，組織の学習に大きな影響を与えることを指摘しています（pp.168-171）。図 5-1 は，彼女が紹介している図から英語部分を削除して簡素化したものです。

　図 5-1 の通り，横軸が責任の高低，縦軸が心理的安全の高低となります。組織の構成員が学習可能な組織とは，個々人の心理的安全が高く，かつ個々人に役割等といった責任が付与されている状態にあります。

　例えば，授業中の発表場面において，教師から指名された子どもは，責任が高まります。ここで，間違ったことを言った際に，周囲からバカにされたり笑われたり，教師から厳しく叱責されたりすることがあれば，心理的安全は低くなり，とても不安な状態に陥ります。また，グループ学習の際，教師が一人ひとりの役割について指示しなかったとします。あるグループでその教科が得意な子どもがいると，心理的安全が低ければ，グループの発表にあたって，その子どもにすべて任せて，他のグループメンバーは発表にまったく関わらないという無関心な状態になるでしょう。また，その子どもは，心理的安全が低く責任が高い状態に置かれるので，不安な状態にもなります。どちらも，学習するどころではない状態に身を置くことになります。

　先の情緒的文化との関連で考えると，「さまざまなことにチャレンジする 3

年B組」であれば，授業において本来，まだ知らないこと，できないこと，
わからないことに挑戦しているわけですから，そのチャレンジである発表は，
間違っていたとしてもむしろ価値のある姿であり，高く評価されることになり
ます。だからこそ，教師は，学級において情緒的文化が育まれるよう働きかけ
なければなりませんし，掲げた学級目標が具現化するよう教師も子どもも意識
し，行動し続けることが求められるのです。

　これはもちろん，子どもだけではなく，教師にもあてはまります。学級だけ
ではなく，学校組織においても，心理的安全の保障は重要です。学校は，学習
指導要領が改訂されるときや，新たな研究主題を掲げて実践と研究を進めてい
るとき等，若手の先生のみならずベテランの教師であっても挑戦を求められる
ことが多い職場です。校内での授業研究の際に，心理的安全を高く保障するよ
うに授業研究会のルールを定めたり，授業者だけではなく参加者も学習できる
ように，付箋やワークシート等の道具とその利用を全員に促したりする取り組
みが浸透してきています。

WORK5-4
情緒的文化の意識化

　学校あるいは学級において，自分自身が大事にしたいと考えている感情
や行動，姿勢はどんなものでしょうか。その実現のために取り組めること
を整理したり，構想したりしましょう。

■大事にしたい感情や行動，姿勢は？

■その実現のためにすでに取り組んでいることや，これから取り組みたいことは？

(3) 自分自身に問題があるととらえない：認知や行動の修正

　第２章の冒頭に，教師は，「無力感，挫折，失望，幻滅，自責，さらには，怒りや恐れといった『傷つきやすさ（ヴァルネラビリティ）』」の感覚を抱いていると述べました。さまざまな働きかけを試みても子ども同士の関係性が好転しない，よかれと思って準備を進めてきたことが同僚からまったく受け入れられない，宿題や学習活動の準備をお願いしても協力してもらえない保護者がいる，といったように教師の実践は「傷つきやすさ」に満ちあふれています。真面目に取り組めば取り組むほど，ますます自分を苦しめることにもつながるのです。その結果，自責の念に駆られ，ネガティブなことしか考えられなくなってしまう状況に陥ることもあります。第２章で紹介した通り，それが精神疾患による病気休職にもつながりかねません。

　このような状況に陥らないための感情のマネジメントとして，「自分自身に問題があるととらえない」ことが重要です。BRiTE（2018）は，そのための８つの指針を示しています。

　①難題があっても仕事の課題として考えよう
　②問題解決のスキルを使って，課題を迅速に解決しよう

③解決策は必ずあると信じよう

④児童・生徒の行動はさまざまな要因によって影響を受けるものだと理解しよう

⑤他者の視点から物事を見よう

⑥くよくよ考えたり，ネガティブなセルフトークを避けたりしよう

⑦過ちを認めて前進する準備をしよう

⑧未来と自身が良くなることだけに目を向けよう

①については，難題に直面したとき，自分の問題だととらえてしまうことも少なからずあります。そうするとますます無力感が強まったり解決の糸口が見えなくなったりするので，それはあくまで仕事の問題だと割り切ることが重要です。仕事の問題だと割り切れば，②のように解決のための手がかりはいくらでもあるのです。それについては第 3 章でも確認しました。そのためにも③のように必ず解決策があると信じることを忘れてはなりません。

④に関して，教師は，子どもが抱える問題についてすべて「わがこと」と思いがちです。子どもの荒れや問題行動は，家庭背景によるものだったり，本人の心身の発達等に起因するものだったりもします。ですから，自分にはどうしようもないことがあると理解しておくことは不可欠です。ある初任教師が，同僚からの言葉でそれに気づいたことを語っています（深見，2007）。

12 月なって割と割り切れるようになってきたとこもあるんですよ。教務の先生にも言われたんですけど，気持ちが荒れてる子ってまったく良くなるわけではないし，その子の人生を一人で変えていけるはずがないって言ってもらったんが重荷が楽になりましたね。
(p.288)

もちろん教師として何もしないというわけではありません。1 人で抱え込むのではなく，スクールカウンセラー，特別支援コーディネーター，ソーシャルワーカー等の専門家と協働しながら問題解決にあたることが必要なのです。

⑤〜⑧については，自分の認知や感情のベクトルを内側から外側に，過去から未来に向けるよう意識することが重要です。⑥のセルフトークとは，自分自

身に語りかける言葉のことで，「またうまくいかなかった」「やっぱりダメだった」というのがネガティブなセルフトークの例です。それを「今回はうまくいかなかったけれど次は大丈夫」「ダメだったけれどヒントが得られた」と言い換えるだけでも前向きな気持ちになれます。人間誰しも過ちは犯しますし，うまくいくことばかりではありません。⑦のように今の過ちは過ちだ，うまくいかないことはうまくいかないと素直に認めて，次にそれが起こらないよう，今よりもっとよくなるようさまざまな手立てを講じるほうが建設的です。例えば，初任教師が1学期から素晴らしい授業ができるなんて考えることはあまりに非現実的です。⑧にある通り，今はダメでも，小さな努力を積み重ねていけば自分が理想とする実践はできるはずだと信じ，チャレンジしていくほうが前向きに取り組めます。自分でそのように切り替えにくい人は，ロールモデルになりそうな人が日頃から取り組んでいることを聞き出してみましょう。⑤で示された通り，他者の視点に立って物事のとらえ方を問い直すのも大きな手助けとなります。

4．楽観主義を引き出す

　さて，感情のマネジメントにおいて，物事に挑戦する重要性を確認してきました。そうした挑戦を促すために必要なのが，楽観主義です。

　筆者が考えるに，そうした研究の潮流の源泉に位置づけられる一人が，フランスの哲学者であるアラン（1868-1945）です。彼の主著である『幸福論』には「楽観主義」が記されています（アラン，1998）。彼は，その中で「おのずと出来上がる未来と，自分のつくり出す未来とがある」（p.227）と指摘しています。地震や津波，風水害といった災害は，私たちの意志で止めようとすることは不可能であるため「おのずと出来上がる未来」になるでしょう。仮にそれが起こったとしても，耐震性の高い建物があれば，津波が到達する可能性のあるエリアに人がいなければ，水害が起こらないような河川整備がなされていれば，直面するリスクを避けることができます。これが「自分のつくり出す未来」になるでしょう。現代は人々がつくり出してきたものが地上に溢れており，歴

史的にその創造が継続していることから考えても，人々の意志によって未来を
つくり出せることは明らかです。現代は，人々が希望を追求する意志をもち，
物事に取り組んだ結果として生み出されたからです。

　このように，物事に対して希望を抱き，悲観的にならずに，自らの意志をもっ
て取り組むことが，楽観主義の要点といえます。**WORK5–3** で取り組んだア
クションプランを練るワークを思い出してください。意志をもって，計画通り
取り組むことが，自分の未来をつくり出すうえで重要です。

　しかし，未来をつくり出そうとして新たな挑戦をする際には，何をどうした
らよいかがわからず，その手本も少なく，過去の経験が生かせるかどうか不確
かで，物事がうまくいくかわからない状態に身を置くことになります。そうな
ると私たちは，悲観的に物事をとらえ，「どうせうまくいかない」といった後
ろ向きな姿勢で消極的に取り組むことになってしまいがちです。しかしこれで
は，物事がうまくいく可能性を自らがつぶしてしまっていることになります。

　こうした状態においても，アランの言葉は示唆的です。アランは次のように
述べています。

　希望は，平和や正義みたいに，望みさえすれば実現できるほどのものの上
　に築かれるのだから，これを保持するにも意志に頼るしかないのだという
　ことを。それに対し，絶望は，どっしり構え，絶望しているというただそ
　れだけの力でひとりでに強められていく。こうして，どう考えたら，宗教
　の中で失われているが，救わねばならないものを救うことができるか，わ
　かるであろう。すなわち美しき希望である。　　（アラン，1998，pp.228-229）

　何より大切なのは「希望」を手放さないということです。物事がいかにうま
くいかないかや，失敗することを恐れるあまり何も変更しないほうがよいとい
う考え方にとらわれてしまわずに，希望をもって，目指す子どもの姿，学級や
学校の姿に向かって，前向きに取り組む意志をもつことです。それがなければ，
その挑戦と失敗から学び，再び立ち上がって，未来をつくり出すことはできま
せん。ドゥエック（2016）は，貧困地区等の学校において，子どもたちの可能
性を信じ，彼らが成長していく存在であるとの認識を抱き，実践をしている教

師を取り上げ，「優れた教師は知力や才能は伸ばせると信じており，学ぶプロセスを大切にする」と指摘しています（p.284）。名前も書けない子どもたちが目の前にいたとしても，必ず書けるようになるという楽観的な未来を共有し，子どもたちと挑戦している教師がいるのです。読者の皆さんは，楽観主義を自他から引き出して，その未来の実現に向けて失敗から学び成長を遂げるプロセスを大事にする教師と，「どうせ名前も書けないのだからこの子の成長はあきらめよう」と悲観主義を前提に考える教師のいずれを選択するでしょうか。

　もちろん，希望を捨てずに物事に前向きに取り組む意志を個人で保ち続けるのは困難なことがあります。授業であれ，学級経営であれ，子どもたちにすれば発表の瞬間であっても，失敗は苦しいことですし，１人で挑戦と失敗を重ねることは時に困難でしょう。だからこそ，組織のレジリエンスが重要になります。第２章において取り上げた点を意識しながら実践してください。

　最後に，以下のワークに取り組んでください。楽観主義がなぜ重要なのかについて，そして，楽観主義の留意点について，皆さんの考えを補強してくれることでしょう。

WORK5-5
楽観主義について専門家から学ぶ

　認知神経科学者であるターリ・シャーロットが TED で行ったプレゼンテーション「楽観主義バイアス」を視聴し，楽観主義がなぜ重要なのかについて理解を深めましょう。

　https://www.ted.com/talks/tali_sharot_the_optimism_bias/transcript?language=ja

【2020/04/01 最終確認】

■なぜ楽観主義が重要なのか。そして，どのような留意点があるのかについて，箇条書きで要点をまとめましょう。

■自分のこれまでの生き方や考え方をもとに，特に共感できた点について取り上げ，その理由を記しましょう。

第5章のふり返り **WORK**

（1）第5章の内容を踏まえて，以下の問いに回答しましょう。

①喜びや怒りといった感情は誰しもに共通のものである。

（　はい　／　いいえ　）

②感情を的確に表現できるほうが感情のマネジメントにつながる。

（　はい　／　いいえ　）

③学校や学級において子どもたちの心理的安全が保障されていれば十分である。　　　　　　　　　　　　　　　　　（　はい　／　いいえ　）

④教師は，子どもが抱える問題が解決できないと割り切る必要もある。

（　はい　／　いいえ　）

⑤楽観主義に立てば，希望を捨てずに物事に前向きに取り組む意志を個人で保ち続けることができる。　　　　（　はい　／　いいえ　）

（2）感情に注目して自分や他者について考えたり，感情のマネジメントを行ったりすることが，自分や組織のレジリエンス形成とどのように関連するかをまとめてみましょう（300字程度）

さらなる学習のために

▶ **佐藤恵子（2018）『イライラに困っている子どものためのアンガーマネジメントスタートブック──教師・SC が活用する「怒り」のコントロール術』 遠見書房**

　「怒り」のコントロールに着目した「アンガーマネジメント」について，具体的な実践例や発達段階に応じたポイントについて紹介されています。「大人が変われば子どもも変わる」との考えから，教師やスクールカウンセラーのアンガーマネジメントについても言及されています。

▶ **田中博之（1995）『学級力向上プロジェクト──「こんなクラスにしたい！」を子どもが実現する方法　小・中学校編』 金子書房**

　第 3 節 –(2)「心理的安全の保障を高める」で取り上げた研究と実践事例を紹介している書籍です。学級力アンケートの実施と学級力レーダーチャートの作成から実態把握を行い，改善の方策を検討する具体的な実践例が記されています。

▶ **ウェブスター・ストラットン／佐藤正二，佐藤容子（監訳）（2013）『認知行動療法を活用した子どもの教室マネジメント──社会性と自尊感情を高めるためのガイドブック』 金剛出版**

　本書は，認知行動療法等の考え方に基づき，子どものポジティブな行動に着目し，それを引き出す学級のマネジメントについてまとめられています。仲間関係の構築や感情の調整といった学級において子どもたちの心理的安全を保障するための具体的なアプローチが紹介されています。

▶ **渡辺弥生（2019）『感情の正体──発達心理学で気持ちをマネジメントする』 ちくま新書**

　感情研究のレビューや海外における子どもの感情マネジメントについての事例紹介等が参考になります。

おわりに：本書のテーマである BRiTE について

　海外での教師教育研究において，教師のレジリエンスが注目されてきました。その背景として，デーとグー（2015）は，①社会的問題の増加，②スクリーン文化，③政治的圧力，④スタンダードとアカウンタビリティ，⑤著しい成果主義の文化，という5つの問題を挙げています。

　①については，問題行動，子どもの貧困やいじめといった問題が，②については，インターネットやSNSによるコミュニケーションの変化が挙げられます。国や地域による差はありますが，移民の増加によってこれまで以上に言語，文化等の背景が多様な子どもへの対応が求められるようになっています。また，一部の子どもたちは，暴力，ドラッグ等の問題に直面しています。子どもが直面する問題は，教師や学校に多大な影響を与えます。

　③～⑤については，教師に対する管理・統制の強化が政策的に図られ，標準テストの結果に基づく説明責任が求められる状況が進みつつあります（デー・グー，2015）。これまでカリキュラム開発や授業実践に関する裁量の度合いがきわめて高かったのですが，教師に求められる仕事や期待される役割に問い直しが迫られています。

　これらの状況から，離職率の増加，バーンアウトや心身の疾患等の問題が顕在化してきました（デー・グー，2014）。例えば，英紙ガーディアン（*The Guardian*）（2016）は，英国での4,450名の教師を対象とした調査結果を報告しています。回答者の82%は，自身の仕事量が管理できないレベルにあるととらえており，回答者の3分の2が過去5年間で自分に期待されることが大幅に上昇したと回答しました。また，回答者の73%は，仕事量が身体的な健康

に影響を与えており，回答者の76%がメンタルヘルスに影響を与えていると認識していました。

このような状況から，教師のレジリエンスの重要性が説かれるようになってきたのです。これまで取り組まれてきた心理学や教師教育等におけるレジリエンスの諸研究を整理し，まとめられたものがデーとグー（2015／原著：Day & Gu, 2014）の『教師と学校のレジリエンス（*Resilient teachers, resilient schools*）』です。そこには，本書で紹介した教師のレジリエンスの特徴，教師のライフフェーズにおける重点の差異，レジリエンスを活性化する職場の諸要因やリーダーが発揮すべき役割等について幅広く学ぶことができます。

教師のレジリエンスに関する研究は進展して，現在はレジリエンスを体系的に学習するためのプログラム開発に移行しつつあります。先駆的に取り組まれてきたのが，オーストラリアのマンスフィールド博士らが開発した BRiTE（Building Resilience in Teacher Education）のオンラインプログラムです（https://www.brite.edu.au/）。

筆者は，2017年12月にオーストラリアを訪問し，マンスフィールド博士と情報交換する機会を得ました。それについては，深見ほか（2019）に詳しく紹介していますが，ここではその一部を紹介します。

まず，BRiTE の開発にいたる背景として，上述の通り，オーストラリアに

図　BRiTE の Web サイト

表 BRiTE の構成要素（深見ほか, 2019）

B モジュール
・レジリエンスとは何か／レジリエンスの専門家による定義 ・レジリエンスに関する知識理解（Quiz） ・学校におけるレジリエンス ・レジリエントな教師とは ・レジリエンスのプロセス ・BRiTE の重要性

R モジュール	i モジュール
・サポートネットワークの維持 　友人や家族 　大学の同期 　専門的ネットワークとソーシャルメディア 　シナリオ（友人ともしばらく会えない状況で） ・新しい関係の構築 　新しい同僚との関係構築 　メンター教師との協働 　資格を得た後は… 　保護者との関係構築とコミュニケーション 　新しいコミュニティの一員となる 　児童・生徒との関係構築 　シナリオ（新しい学校で圧倒されるとき） ・他の参考資料	・個人のウェルビーイング 　個人のウェルビーイングとメンタルヘルス 　ストレスの認知と対処 　健康的な生活 　シナリオ（ストレスに直面したとき） ・ワーク・ライフ・バランス 　他の関心を維持する 　時間管理 　シナリオ（仕事が山のようにある場合） ・モチベーションの維持 　教師になる理由 　楽観思考 　持続性と自己肯定感 　シナリオ（情熱を維持するには） ・他の参考資料

T モジュール	E モジュール
・問題解決 　自分の頭で考える 　問題解決のプロセス 　助けを求める 　シナリオ（スケジュール変更への対応） ・持続的な専門的学習 　専門職としての旅路 　専門職につながる（授業観察／研修等） 　目標設定 　シナリオ（APST のスタンダード） ・効果的なコミュニケーション 　効果的な傾聴 　アサーティブにコミュニケーションを図る 　関わりながら境界を引く 　シナリオ（支援が必要な生徒とその他の教師等との関係） ・他の参考資料	・感情的自覚を高める 　感情的自覚を高める 　感情に応答する ・感情のマネジメント 　感情をマネジメントするための実践的方法 　感情のマネジメント 　クラスの感情的雰囲気 　個人で引き受けない ・楽観主義を引き出す 　楽観主義 　ユーモア ・他の参考資料

おいても薬物や貧困等が学校現場できわめて大きな問題となっています。さらに，都市部なのか遠隔地なのかという勤務校の立地，公立学校，カトリック・スクール，インディペンデント・スクールという校種の違いによって教師の学習環境の差がきわめて大きいのです。例えば，赴任した学校によっては，メンター教師が不足する等，十分なサポートが受けられない状況が深刻化していました。

　このような問題を解決するために開発されたのが，BRiTE なのです。BRiTE は，主に初任教師や間もなく学校現場に出る教員志望学生が個人で活用することを想定したものでした。BRiTE の学習を通じて，彼らが「代替策」があることを知り，自ら積極的にアプローチできるようになることが期待されていました。

　BRiTE で学習する内容を一覧化したのが，前頁に示した表です。BRiTE は，オンラインで個別学習するためのプログラムであるため，各モジュールともボリュームがあります。本書は，この構成要素を参考に，日本の文脈に即して書き下ろしたものとなります。

　日本において，現在，レジリエンスの認知度は少しずつ高まりつつありますが，教師のレジリエンスについてはまだ端を発したところです。そのような段階では，オンラインプログラムの形式でスタートするよりも，書籍化によって認知度を高めるほうが望ましいと考えました。日本では，教師が実践に関する書籍を著し，そこから学ぶことが1つの文化として確立しています。実践家以外にも研究者や教育関係者が毎年たくさんの教育関連の書籍を公刊しています。そのような文化的な背景もあって，まずは書籍として発信することでさまざまな人の手に渡ることをファーストステップとしました。

　本書は，個人が読んで学べるように編集していますが，大学の授業等や教員研修の場で用いられるのであれば，皆で読み合ったり，取り組んだワークを他者と共有し合ったりするのが望ましいと考えています。他者との異同を確認することでバリエーションを広げることが可能になるからです。

各章の WORK，ふり返り WORK の解説

第 1 章

【WORK 1-1】

　　心身の健康を維持するためのリソースについては，ものすごく高度なことや難解なことをイメージするかもしれません。しかし，以下の解答例で示した通り，一見すると些細なことや日常生活で当たり前に行っていることが実はリソースとして重要なのです。その小さなことの1つひとつが，困難な状況に陥った際の支えや助けとなり，レジリエンスの発揮につながっていきます。

〈記入例〉

■心理的リソース：自己肯定感，楽観性，肯定的な感情等について

　　○○が得意，楽観的に物事を考えられる，成功体験がある，失敗しても諦めない，悩んでもくよくよしない，何事にも前向き，小さなことに喜びを感じられる，ポジティブ思考，切り替えがうまい，没頭できるものがある，etc.

■社会的リソース：家族，職場，コミュニティ等の関係性について

　　家族と関係が良好である，兄弟，姉妹で助け合える，相談できる先輩がいる，職場の人間関係が良好である，管理職が支援的である，同期と仲が良い，何でも話せる友人がいる，恋人や配偶者が支えてくれる，悩んだときに専門機関に相談できる体制がある，etc.

■文化的リソース：有形・無形の文化的産物（芸術，観光，趣味，娯楽等）について

　　好きな音楽を聴く，好きな映画を見る，ライブに行くのが好き，博物館や美術館に行く，国内旅行や海外旅行に行く，美味しいものを食べに行く，料理をするのが好き，（やりすぎない程度に）ゲームで楽しむ，etc.

■身体的リソース：健康状態，体力面，運動に関わる身体的スキルについて

　大きな病気にかかっていない，毎日しっかり寝ている，毎朝朝食を食べている，食事に気を遣っている，暴飲暴食をしない，プライベートな時間をとれる勤務体制，仕事でストレスを感じない，一日一万歩歩いている，フィットネスクラブに通っている，スポーツが好き，一緒に運動できる仲間がいる，etc.

【第 1 章のふり返り WORK】

(I) 解答と解説

① いいえ

　レジリエンス研究のスタートは，「壮絶な出来事や逆境に直面した人」をターゲットにしていましたが，現在では「日常生活での悩みやストレス」を乗り越えることもレジリエンスとして考えられています。だからこそレジリエンスは，あらゆる人に求められるものだと言えます。

② いいえ

　レジリエンスは，一部の限られた人が有する資質ではなく，「普通の人の適応プロセス」としてとらえられるようになっています。

③ はい

　「保護者と教師のためのレジリエンス・ガイド」（アメリカ心理学会）で紹介した通り，レジリエンスは，学習可能で可変的なものです。本書のテーマである "BRiTE" も同じ考え方に立脚しています。

④ いいえ

　教師のレジリエンスの特徴の1つに「単に『立ち直る』以上のことを意味している」という点が挙げられます。教職を続けるにあたってさまざまな困難に直面しますが，困難から立ち直るだけでなく，それ以前よりも実践の幅が広がったり，新たな可能性を見いだしたりすることができるからです。レジリエントな教師とは，「立ち直ってさらに前に進む」（Walsh, 2002）ような教師だと言えます。

⑤ はい

　レジリエンスを考えるにあたって，WORK1-1で取り組んだ通り「リソース」が重要になります。個人のリソースももちろん必要ですが，リソースを豊かにするための職場や社会からのサポートもセットで考える必要があります。

(2) まとめの文例

　レジリエンスは，逆境や困難な状況に直面した人にとっても必要なものですが，日常的なストレスを乗り越えていくためにもどんな人にも必要なものだと考えられます。また，レジリエンスには「自ら行動する」という側面があるので，それを促す働きかけやリソースを整えていくことも重要です。

　教師のレジリエンスの特徴としては，職場等の「文脈固有性」，理想や目的意識をもつ「役割固有性」，経験を通じて学ぶ等「単に立ち直る以上の意味がある」という3点が挙げられます。教師がレジリエンスを発揮するためには，個人の強み，知識，スキルが必要であり，それを学ぶためのフレームワークが本書のテーマである「BRiTE」です。(288 文字)

第 2 章

【WORK2-1】

　これまで，自身が大切にしてきた授業観や子ども観はどのようなものであったのか，また，それを実現するために，どのような授業をしたいと考えるか，どのように子どもたちと関わろうとするかといった点を考えてみてください。初任教師として直面する課題については，本章で取り上げた教師のエピソードも参考にしながら，想像してみてください（多様な背景を抱える子どもの対応，仕事の見通しが立たないこと，子どもとの関係の行き詰まり等）。

【WORK2-2】

　本章で言及したように，教職経験を積んだ同僚，年齢や経験の近い同僚等，校内におけるさまざまな関係性を想定してみてください。その中で，とりわけ，自身にとって支えとなりそうな関係性を選んでみてください。それにより，校内の関係性をレジリエンスの観点から見つめ直すことになるでしょう。また，同僚との良好な関係性を構築するために自身が行動できることを構想してみましょう。

【WORK2-3】

　教師を取り巻く関係性は，学校内や同僚の教師に限られているわけではありません。本章で確認した通り，教職を目指す仲間，友人，家族等がサポートネットワークとなりえます。その中で教師として前向きにいられるために支えとなる人を探してみましょう。「この人といると安心することができる」「この人と話すと気分がすっきりする」と感じるとき，あなたは誰と関わっているのでしょうか。そのような家族や友人を思い浮かべてみてください。

【第 2 章のふり返り WORK】

(1) 解答と解説

① はい

　根源的に「傷つきやすい」という教職の特性を踏まえるならば，「教師であり続ける」ことを可能にするためには，学校内外における関係性が支えとなったり，学びの契機となったりします。とりわけ，リアリティショックに見舞われることが少なくない初任教師や経験の浅い若手教師にとっては，管理職や同僚からの支援が，彼らの自信や自己効力感の構築にとってきわめて重要であると言われています。

② いいえ

　教師がレジリエントであるために，学校内の管理職や同僚との関係性の構築が重要であることを本章において確認してきました。しかしながら，それに加えて，家族や友人といった学校外における関係性も，教師がレジリエントであるための「サポートネットワーク」として機能するということは，本章において触れた通りです。そのいずれもが教師のレジリエンスにとって重要となります。

③ はい

　教師がレジリエントであるために，管理職や経験を積んだ先輩との関係性の構築は重要です。例えば，本章においても，初任者研修の指導教員等がメンターとしての役割を果たしていること，さらには，教職経験 1 年目の教師にとってベテラン教師が支えとなったというエピソードを確認しました。しかしながら，本章では同様に，若手教師同士の経験交流やインフォーマルな関係性が，経験の浅い教師にとっての支えとなっていることにも言及しました。管理職や経験を積んだ先輩のみならず，教職経験が近い教師同士の交流も重要となります。

④ いいえ

　初任教師や若手教師の時期には，仕事のペースがつかめなかったり，他の同僚と比べて 1 つひとつの仕事に時間がかかったりすることもあるでしょう。また，授業づくりでいろいろと悩み，その準備に時間を費やさざるをえないこともあるかもしれません。しかしながら，「教師であり続けること」を実現するためには，家族や友人との時間も大切にし，自身が前向きでいられるように努めることは，教師の感情の観点からも重要です。

⑤ いいえ

　同僚や家族，友人等身近で直接顔を合わせて話すことができる人たちとの関係性の構築は重要です。しかしながら，自身と興味や問題意識を共有することができる人といつも対面で会うことができるとは限りません。オンラインでの関係性

の構築によって，時間や距離の制約を越えて，自身が学びたいことを学べる可能
性が広がります。そして，それは，教師の勤労意欲や実践にもポジティブな影響
を与えます。それゆえ，オンラインを通じた関係性の構築も，教師にとって重要
であると言えるでしょう。

(2) まとめの文例

　「傷つきやすさ」を根源的に孕むといった教職の特性を踏まえたうえで，管理職
や同僚との関係性が，初任あるいは若手教師の自己効力感や「教師であり続ける
こと」に好影響を及ぼすことを諸研究から明らかにしてきました。初任教師を支
援するメンターの存在等に着目した研究も見られます。しかし，こうした環境を
自らつくり出そうと行動する側面も，レジリエンスの観点からは重要となります。
それゆえ，オープンマインドを心がける等，周囲との関係性を築こうとすること
が必要です。また，レジリエントな教師であるために，学校内だけではなく，家
族や友人等の学校外の関係性にも目を向けるべきです。さらに，SNS 等を活用して，
幅広い関係性を築くことも重要であると考えられています。(317 文字)

第 3 章

【WORK3-1】

　ストレスの認知と対処を言語化することによって具体的な対処の見通しを立て
るための課題です。第 5 章では感情について取り上げていますが，ストレスも曖
昧な状態にとどめているとつかみどころがなくなってしまいます。ストレッサー
や自身の兆候・症状が何であるかを自覚し，認知の傾向性や対処のあり方を言語
化していくことをこの WORK では目指しています。

【WORK3-2】

　時間を有効に使えないことで，人間は時に追い詰められたり，心身の不調を抱え
たりします。それを解決するための方法が「タイムマネジメント」であり，心理
学にとどまらずビジネス業界でもさまざまなかたちで取り組まれてきました。自
分の時間をどのように使っているかを書き出していくと，その中で何に時間をた
くさん使っているか，改善できる点は何かといったさまざまな点が見えてきます。
それだけでなく，目標を明らかにしておくことも重要です。例えば，島宗 (2012) は，
中・長期的な目標と月間目標と毎日の to-do 項目を可視化するアプローチを提案し
ています。目標がフレームワークとなり，それに時間がどれだけ費やされているか，
または費やされていないかを合わせて見ることでよりタイムマネジメントが有効

になってくるのです。

【WORK3-3】

　この文章からは，仕事に追われる生活が続く中で，プライベートがなくなり，かなり疲弊していることが伺えます。睡眠時間も十分確保できていないようです。

　アクションの１つ目は，睡眠時間を確保するための時間管理です。図 3-4 に示したようにまずは冷静に自分の時間の使い方を見直し，心身の健康を維持するための生活を第一に考えることです。

　アクションの２つ目は，ワーク・ライフ・バランスの視点から，思い切って友人からの誘いを受けてみることです。確かに目前に迫った仕事のことを考えると躊躇するのもよくわかりますが，追い詰められた状況では仕事のパフォーマンスも向上しません。気持ちを切り替えるためにも望ましい選択だと言えるでしょう。

　アクションの３つ目は，第２章の学習を活かして，同僚もしくはサポートネットワークの誰かに相談したり話を聞いてもらったりするということです。もしくは，医師やカウンセラー等の専門職に相談することです。１人で思い悩んでも良い結果は生まれにくいと言えるでしょう。１人で抱え込まずに他者の支援を得ることはウェルビーイングの観点から見てもきわめて重要なアクションです。

　アクションの４つ目は，管理職に相談することです。この問題はもしかすると個人の問題ではなく，ある人に業務が集中している結果から生じていることかもしれません。前述のアクションはあくまで個人で対処可能な場合に効果的であって，仕事そのものに問題がある場合はそれ自体の解決が先決です。

【WORK3-4】

　家族の影響，被教育体験（過去の教師との出会い等），教育実習での経験といった何かしらの教職を選んだ理由が皆さんにはあるはずです。それを振り返っていくと，忘れかけていたモチベーションの源泉に気づくことがあります。教職のスタート時には，高い理想を掲げていたにもかかわらず，今は目先の問題に汲々としているかもしれません。ただし，昔できなかったことが経験を積む中でできるようになっていることもあります。原点を思い出すことで，現在の実践状況の問い直しができるのです。

【第 3 章のふり返り WORK】

（1）解答と解説

　①いいえ

　　ウェルビーイングは「個人の権利や自己実現が保障され，身体的，精神的，社

会的に良好」という意味を含んでおり，社会的な側面からも考えるべきものです。OECD の「より良い暮らし指標（BLI：Better Life Index）」から見ても，そのような共通理解が国際的に図れていることがわかります。

② いいえ

　ストレスが強すぎるとパフォーマンスは低下しますが，逆にストレスが低すぎてもパフォーマンスは低下します。ストレスを感じないよりも，適度なストレスを感じるほうが仕事を進めるうえでは望ましいと考えられます。

③ いいえ

　図 3-3 で示した通り，睡眠時間は長すぎても健康上のリスクが生じることが明らかとなっています。自分のパフォーマンスが十分に発揮できる睡眠時間を確保することが重要なのです。

④ はい

　自己犠牲の精神を完全に否定することはできませんが，ワーク・ライフ・バランスの観点から自分の生活もしっかり守っていくという考え方に立つべきです。仮に仕事にのめり込みすぎて，健康を害してしまうことになれば，これまで取り組んできたさまざまなものが水泡に帰すことになりかねません。

⑤ はい

　楽観主義者とは，よりよい未来が来ると信じ，そのための挑戦や試行錯誤ができる人のことを指します。漠然とした期待だけで何も行動していなければ，よりよい未来が到来することはないため，楽観主義者とは呼べません。

(2) まとめの文例

　ウェルビーイングは，「個人の権利や自己実現が保障され，身体的，精神的，社会的に良好な状態にあることを意味する概念」です。ストレスの認知と対処を考えることがメンタルヘルスを維持するために必要ですが，個人で取り組むだけではなく，学校や教育委員会が制度を整えることも忘れてはなりません。「健康第一」であるために，食事・睡眠・運動を意識すること，ワーク・ライフ・バランスの観点から時間管理を行うことも重要です。

　仕事のモチベーションを維持するためには，教師になった理由を思い出してみること，よりよい未来のために試行錯誤しようとする楽観思考になること，日々の実践で手応えを感じるといった自己効力感を大切にすることが鍵を握ります。
（308 文字）

第4章

【WORK4-1】

　教師Xはまず，同じ学年の学年主任にこの状況を説明し，アドバイスをもらうとよいでしょう。U小学校は同じ学年に4〜5学級ある大規模校です。音楽祭に向けた活動では，他のクラスでも似たような問題が生じているかもしれません。また，そうでなくても，一般に学年主任には経験豊富な教師が就いています。当該学年主任はこれまでにも別の年度に同様の問題に遭遇し，葛藤への対処を経験しているかもしれません。同じ4年生を指導する別のクラスの同僚も，これに準ずる存在だと考えられます。

　U小学校には，特別支援教育コーディネーターが配置されているはずです。児童Aは特別な配慮を要する児童ですから，この児童への支援を特別支援教育コーディネーターはアドバイスする立場にあります。その立場から，教師Xと教師Zの指導観の調整を図ってもらうとよいでしょう。

　U小学校には，教師Xの指導教員も存在するはずです。初任教師にとってのメンター役を当該教師は果たさなければなりません。音楽会に向けての指導の方針，同僚である教師Zとの関わりに悩んでいる教師Xは，指導教員にその状況を聞いてもらえるだけでも救われるかもしれません。

　この他にも，管理職（校長，教頭），似たような状況に遭遇したかもしれない先輩教師（例えば，教職経験2年目の教師），本年度U小学校に一緒に赴任した同僚等々，教師Xの悩みに共感的に接してくれる可能性のある人材はきわめて多様です。もちろん，多くの人々から異なる角度の意見をもらい，結果として選択肢が増えて，ある意味で悩みが広がる危険性もあります。その場合には，教師Xは，学年主任や指導教員等の最も近い関係のある方とのコミュニケーションを重ねて，より納得できる解を定めるとよいでしょう。

【WORK4-2】

　皆さんは，WORK4-2のフォーマットに，どのような叙述を残されたでしょうか。まず，「不足している資質・能力」と「いっそう伸ばしたい資質・能力」のどちらが多かったでしょうか。もしどちらかしか記していなかったら，もう一度書いていない列に該当する事項がないか，考えてみてください。本章の最終項で「育成指標」について言及しましたが，その際に確認した「学び続ける教員像」の通り，「不足している資質・能力」と「いっそう伸ばしたい資質・能力」の2つの側面で資質・能力を考えることは学びを連続発展させる可能性を高めてくれます。

　続いて，学びの舞台に注目してください。やはり，「校内研修」に該当する事項は不可欠でしょう。同じ子どもを指導する教師たちの学びは共鳴して然るべきです。一方，本章でも解説しましたが，専門的な学習共同体の構成原理は多様です。

したがって，1人の教師は複数のコミュニティで学ぶことが可能です。自身の資質・能力の向上が停滞していると感じたら，校内研修に加えて，他の学び合いに参加してみるのもよいでしょう。

【第4章のふり返り WORK】

（1）解答と解説

①いいえ

　葛藤はマネジメントできます。つまり，「ある程度」解決できます。ただし，完全なる「対処」法が存在すると思ってはいけません。本章で確認したように，教職には「不確定性」「無境界性」という特徴があるからです。すなわち，解決したと思っても，それが有効とは言えない状況に，つまり新たな（次なる）葛藤に教師はまた遭遇するのです。

②いいえ

　教師が教室で遭遇するもののいくつかは，あるいはほとんどは，仲間とともに対処すべきものです。なぜならば，学校で子どもはさまざまな教師に接するのに，その教師たちの指導の方向性が異なっていては，子どもたちの育ちに悪影響を及ぼしかねないからです。子どもたちのために，同じ学校の教師たちの葛藤への対処は，ある程度共通性をもつべきです。

③はい／いいえ　考え方によってはいずれも正しい

　教室における教師のコミュニケーションの相手は確かに子どもです。授業という営みは，教材を仲立ちにする，子どもと教師のコミュニケーションであると言われることからすると「はい」と答えるべきかもしれません。しかしながら，例えば，校長や教頭という「教師」は，教諭（同僚）や保護者とのコミュニケーションが多くなるでしょう。また，教諭の立場であっても，例えば放課後に限れば，教師間コミュニケーションのほうが密になるでしょう。そのような見地からすれば，この問いに対する回答は「いいえ」でかまいません。むしろ，本章でも強調したように，コミュニケーションの対象が「多様」であることが教職の特徴と把握すべきです。

④はい

　子どもを教える教師だからこそ，学ぶ存在であるべきです。今日の「学び続ける教員像」，そして育成指標の存在を踏まえるならば，教師は，どのような経験を重ねても，子どもとともに，あるいは子ども以上に学び続けるべきです。

⑤ はい／いいえ　考え方によってはいずれも正しい

　これも，「はい」「いいえ」の 2 つの解答がありえます。教職の特性に関わる理念からすれば，子どものためには，教師は，同僚との学び合いに努力と時間を費やすべきです。しかしながら，あらゆる学校にそれができる基盤が成立しているわけではありません。所属校に学び合いの仲間が見いだしにくい場合は，異なる専門的な学習共同体に，学びの機会を求めてもよいでしょう。あるいは大学院等に学びの舞台を求めてもよいでしょう。

(2) まとめの文例

　日本の教師が学ぶ舞台は多様です。そして，その基本は校内研修です。同じ子どもたちを指導する教師は，子どもにそれを求めるように，学び合う必要があります。学校外の教師とも学び合う関係を築くことができます。例えば，同じ中学校区の小中学校の教師が合同で研修する，同じ志を抱く仲間を学校外で見いだし交流するサークル活動等が，代表的な営みでしょう。さらに，教職大学院等で専門的に学ぶことも，その制度が整ってきました。そこでは，研究者教員や実務家教員から実践についてアドバイスをもらうことができますし，地域や校種を異にする他校の教師とともに学ぶことができます。最近では，こうした取り組みをオンラインで行うケースも増えています。(308 字)

第 5 章

【WORK5-1】

　幸福，驚き，おそれ，嫌悪，怒り，悲しみ，苛立ち，焦り，不安，安らぎ，動揺，羞恥等，感情を表わす言葉は多様にあります。多様な言葉を覚えることも大事ですが，この WORK は，自分が日常的に用いている感情のレンズを意識化したり，新たな言葉を知ってそれを拡充したりすることを意識したものです。

【WORK5-2】

　この WORK は，先の WORK で獲得した感情の言葉を用いる等して，自己の日常生活を再構成することの面白さと，その重要性を確認するためのものです。そして，実は自分や他者のことをどう理解しているのかや，その人たちとの関係性，また，自分を取り巻いている世界を自分はどのように理解しているのかが，感情の言葉に表われていることに気づいたり，それを丁寧に考えてみることで，自分の世界の理解の仕方を刷新できることを確認してもらうためのものです。

【WORK5-3】

　感情のマネジメントの具体例を取り上げ，その実践を促すための WORK です。活動したことを，実際に情動粒度を高めることにつなげる意図で，挑戦した後に振り返る活動を設けました。

【WORK5-4】

　意識にしにくい情緒的文化について，学校や学級の状態を確認するための活動です。目指す教師像や学校像を，感情面も含めて意識化することができたでしょうか。この WORK は，それらの像から，現状を確認し，取り組めていることの意義を再確認したり，これから何に取り組むかというアクションプランを立てて，具体的な実践につなげてもらうためのものです。

【WORK5-5】

　楽観主義に関する研究に取り組んでいる専門家からそのポイントを学ぶ課題ですが，TED のプレゼンテーションを視聴することで目と耳から学ぶかたちをとりました。楽観主義がポジティブな影響を与えることがわかっていますが，「非現実的な楽観主義」がもたらす弊害についても理解しておく必要があるでしょう。

〈要点のまとめ・記入例〉
・楽観主義は何かを心待ちにしているだけで幸せに感じられるぶん，悲観主義より幸福である
・悲観主義だと，成績が悪いことを自分の能力の限界だと受け止めて，自分の成長可能性を閉ざしてしまうことになる
・楽観主義は主観的な現実を変え，世界の見方を変え，人生に成功をもたらすことにもつながる可能性がある
・「自分たちは何があっても大丈夫。離婚しない」といったような非現実的な楽観主義に胡坐をかいていては，大きな過ちを招きかねないので，そこは注意が必要である

【第 5 章のふり返り WORK】

(1) 解答と解説

①いいえ

　感情は，人類全員に普遍的に共通のものではありません。また，同じ言葉を用いていたとしても，人によってニュアンスが異なることが間違いなくあります。もちろん，同一人物であっても，同じ言葉で感情を表わしたとしても，毎回そのニュ

アンスは異なるでしょうし，心身の状態もまったく同じであることはほとんどないでしょう。

② はい

　感情を的確に把握することが感情のマネジメントの鍵を握ります。さまざまな語彙で日常生活をとらえ直し，そのときの状況を思い出したりして，自分や他者を含め，世界の理解の仕方を見つめ直してみるのです。

③ いいえ

　子どもたちだけでなく，教師の心理的安全も保障する必要があります。若手の先生のみならずベテランの教師であっても挑戦を求められるため，心理的安全を高く保障する仕組みを学校組織でデザインする必要があります。

④ はい

　教師は，子どもが抱える問題についてすべて「わがこと」と思いがちです。子どもの荒れや問題行動は，家庭背景によるものだったり，本人の心身の発達等に起因するものだったりします。自分にはどうしようもないことがあると理解しておくことは不可欠です。

⑤ いいえ

　楽観主義の立場に立っても，希望を捨てずに物事に前向きに取り組む意志を個人で保ち続けることが困難なことがあります。授業であれ，学級経営であれ，子どもたちにすれば発表の瞬間であっても，失敗は苦しいことですし，1人で挑戦と失敗を重ねることは時に困難でしょう。だからこそ，同僚やサポートネットワークの支援も必要なのです。

(2) まとめの文例

　教師には学級の感情的な雰囲気づくりにあたって，感情的に前向きな影響を意識的にもたらすことが期待されます。そのためには感情の自覚が必要であり，教師は，感情について的確に表現できなければなりません。これは，感情のマネジメントを行ううえでも鍵を握ります。しかし，子どもの問題や解決できない難題に直面することでネガティブな感情に圧倒されることもあります。その際，子どもの抱える状況によっては教師が解決できないものもあると理解しましょう。また，うまくいかないことがあっても，将来的にはできるようになると信じましょう。これが楽観主義に立つことです。そのためには，挑戦することが重要となるため，教師が安心して挑戦できる心理的安全が保障されるべきです。(318 字)

引用文献

はじめに

Linkov, I. (2018) Linking Different Forms of Resilience. Presentation at The New Approaches to Economic Challenges, OECD Conference Center, 15 April 2019 http://www.oecd.org/naec/new-economic-policymaking/I_Linkov_NAEC_Resilience_Apr19.pdf【2020/04/01 最終確認】

日本の人事部 (2020)「レジリエンス」 https://jinjibu.jp/keyword/detl/497/【2020/04/01 最終確認】

第 1 章

American Psychological Association (2013) *The road to resilience: What is resilience?* American Psychological Association, Washington, D.C., USA.　[online] URL: http://www.apa.org/helpcenter/road-resilience.aspx【2020/04/01 最終確認】

Ayers, W. (2010) *To teach: The journey of a teacher* (3rd ed). New York: Teacher College Press.

Brunetti, G. J. (2006) Resilience under Fire Perspectives on the Work of Experienced, Inner City High School Teachers in the United States. *Teaching and Teacher Education, 22*: 812-825.

Coutu, D. (2002) How Resilience Works. *Harvard Business Review, 80*: 46-50, 52, 55.

デー, C.・グー, Q./小柳和喜雄・木原俊行 (監訳) (2015)　教師と学校のレジリエンス：子どもの学びを支えるチーム力　北大路書房 (Day, C. & Gu, Q. (2014) *Resilient teachers, resilient schools: Building and sustaining quality in testing times*. London; New York, Routledge.)

Johnson, B., Down, B., Le Cornu, R., Peters, J., Sullivan, A., Pearce, J., & Hunter, J. (2015) *Promoting early career teacher resilience: A socio-cultural and critical guide to action*. London: Routledge.

Jordan, J. (2012) Relational Resilience in Girls. In S. Goldstein and R. B. Brooks (Eds.), *Handbook of resilience in children* (2nd ed). New York, Springer, pp.73-86.

Mansfield, C. F., Beltman, S., Broadley, T., & Weatherby-Fell, N. (2016) Building Resilience in

Teacher Education: An Evidenced Informed Framework. *Teaching and Teacher Education, 54*: 77-87.

Mansfield, C. F., Beltman, S., Price, A., & McConney, A. (2012) "Don't Sweat the Small Stuff:" Understanding Teacher Resilience at the Chalkface. *Teaching and Teacher Education, 28*: 357-367.

Masten, A. S. (2001) Ordinary Magic: Resilience Processes in Development. *American Psychologist, 56*: 227-238.

Masten, A. S., & Gewirtz, A. H. (2006) Resilience in Development: The Importance of Early Child-hood. In R. E. Tremblay, R. G. Barr, & R. D. Peters (Eds.), *Encyclopedia of early childhood Development*. Montreal, Quebec: Centre of Excellence for Early Childhood Development. pp.1-6.

Masten, A. S., Best, K. M., & Garmezy, N. (1990) Resilience and Development: Contributions from the Study of Children Who Overcome Adversity. *Development and Psychopathology, 2*: 425-444.

中谷茂一 (2007)「ウェルビーイング」 朝日新聞出版(編)知恵蔵

日本学術会議東日本大震災復興支援委員会災害に対するレジリエンスの構築分科会(2014) 「災害に対するレジリエンスの向上に向けて(提言)」 http://www.scj.go.jp/ja/info/ko-hyo/pdf/kohyo-22-t140922.pdf【2020/04/01 最終確認】

Solomon, R.C. & Flores, F. (2003) *Building trust: in business, politics, relationships and life*. Ox-ford, UK: University Press.

Ungar, M. (2008) Resilience across Cultures. *British Journal of Social Work, 38*: 218-235.

Walsh, F. (2002) Bouncing forward: Resilience in the aftermath of September 11. *Family Process, 41*: 34-36.

Werner, E., & Smith, R. (1982) *Vulnerable but invincible: A longitudinal study of resilient children and youth*. New York: Adams, Bannister and Cox.

World Economic Forum (2013) World Economic Forum Annual Meeting 2013. http://www3.weforum.org/docs/AM13/WEF_AM13_Report.pdf【2020/04/01 最終確認】

[WORK の解説]

Walsh, F. (2002) Bouncing forward: Resilience in the Aftermath of September 11. *Family Process, 41*: 34-36.

第 2 章

Day, C. & Gu, Q. (2010) *The new lives of teachers*. London and New York: Routledge.

デー, C.・グー, Q./小柳和喜雄・木原俊行(監訳)(2015) 教師と学校のレジリエンス:子どもの学びを支えるチーム力 北大路書房 (Day, C. & Gu, Q. (2014) *Resilient teachers, resilient schools: Building and sustaining quality in testing times*. London; New York, Routledge.)

Gu, Q. (2014) The Role of Relational Resilience in Teachers' Career-long Commitment and Effectiveness. *Teachers and Teaching: Theory and Practice*, *20*: 502-529.

ホックシールド, A. R. ／石川准・室伏亜希（訳）（2000）　管理される心：感情が商品になるとき　世界思想社（Hochschild, A. R.（1983）*The managed heart: Commercialization of human feeling*. University of California Press）

Jiang, J., Vauras, M., Volet, S. & Wang, Y.（2016）Teachers' Emotions and Emotion Regulation Strategies: Self- and Students' Perceptions. *Teaching and Teacher Education*, *54*: 22-31

Jordan, J.（2004）Relational Resilience. J. Jordan, M. Walker & L. Hartling (Eds.), *The complexity of connection: Writings from the stone center's Jean Baker Miller training institute*, New York: Guilford Press. pp.28-46.

Kelchtermans, G.（2014）Vulnerability in Teaching: The Moral and Political Roots of a Structural Condition. Day, C. & Chi-Kin Lee, J. (Eds.), *New understandings of teacher's work: Emotions and educational change*. New York and London: Springer. pp.65-82.

木原俊行（2004）　授業研究と教師の成長　日本文教出版

小柳和喜雄（2010）　教師の資質能力としてのディスポジションに関する予備的研究：米国における動向を中心に　教育実践総合センター研究紀要，*19*: 153-160.

小柳和喜雄（2013）　メンターを活用した若手支援の効果的な組織的取組の要素分析　教育実践開発研究センター研究紀要，*22*: 157-161.

島田希（2012）　ミドル・リーダーのためのメンタリング・ハンドブック：若手教師支援の充実を目指して　公益財団法人パナソニック教育財団

島田希（2013）　初任教師へのメンタリングにおいて複数のメンターが果たす機能と役割意識　日本教育工学会論文誌，*37*(Suppl.): 145-148.

鈴木真理子・永田智子・西森年寿・望月俊男・中原淳・笠井俊信（2010）　Web ベース授業研究支援『eLESSER』プログラムの開発　日本教育工学会論文誌，*30*(Suppl.): 49-52.

鈴木真理子・永田智子・小川修史（2016）　オンライン授業研究のシステム開発　日本教育工学会（監修）木原俊行・寺嶋浩介・島田希（編）　教育工学的アプローチによる教師教育：学び続ける教師を育てる・支える　ミネルヴァ書房　pp.165-183.

脇本健弘（2015a）　学校内における組織的なメンタリング：メンターチーム　中原淳（監修）脇本健弘・町支大祐　教師の学びを科学する：データから見える若手の育成と熟達のモデル　北大路書房　pp.129-141.

脇本健弘（2015b）　若手教師への効果的な支援：メンターチームの手法　中原淳（監修）脇本健弘・町支大祐　教師の学びを科学する：データから見える若手の育成と熟達のモデル　北大路書房　pp.143-156.

山﨑準二（2012）　教師の発達と力量形成：続・教師のライフコース研究　創風社

横浜市教育委員会（2010）　「教師力」向上の鍵：「メンターチーム」が教師を育てる，学校を変える！　時事通信社

第 **3** 章

アブラモウィッツ, J. S. ／高橋祥友（監訳）（2014）　ストレス軽減ワークブック：認知行動療法理論に基づくストレス緩和自習書　プレッシャーを和らげ，関わりを改善し，葛

藤を最小限にする単純な戦略　金剛出版　(Abramowitz, J. S. (2012) *The stress less workbook: Simple strategies to relieve pressure, manage commitments, and minimize conflicts*. Guilford Press.)

Austin, V., Shah, S., & Muncer, S. (2005) Teacher Stress and Coping Strategies Used to Reduce Stress. *Occupational Therapy International*, *12*: 63-80.

Bandura, A. (1977) Self-efficacy: Toward a Unifying Theory of Behavioral Change. *Psychological Review*, *84*: 191-215.

BRiTE (2018) Persistence and Self-efficacy. https://www.brite.edu.au/BRiTE/Module3/Skills/MaintainingMotivation#recommendations/3【2020/04/01最終確認】

藤木美智代 (2019)　残業時間を減らす45分単位の時短テクニック　https://kyoiku.sho.jp/12064/【2020/04/01最終確認】

Gu, Q., & Day, C. (2007) Teacher's Resilience A Necessary Condition for Effectiveness. *Teaching and Teacher Educations*, *23*: 1302-1316.

鹿毛雅治 (2012)　好きこそものの上手なれ：内発的動機づけ　鹿毛雅治（編）　モティベーションをまなぶ12の理論：ゼロからわかる「やる気の心理学」入門！　金剛出版　pp.19-44.

ケラー，J. M.／鈴木克明（監訳）(2010)　学習意欲をデザインする：ARCSモデルによるインストラクショナルデザイン　北大路書房　(Keller, J. M. (2010) *Motivational design for learning and performance: The ARCS model approach*. New York, NY: Springer.)

厚生労働省 (2013)「運動基準・運動指針の改定に関する検討会報告書」　https://www.mhlw.go.jp/content/000306883.pdf【2020/04/01最終確認】

Kripke, D. F., Garfinkel, L., Wingard, D. L., Klauber, M. R., & Marler, M. R. (2002) Mortality Associated with Sleep Duration and Insomnia. *Archives of General Psychiatry*, *59*: 131-136.

教職員のメンタルヘルス対策検討会議 (2013)　「教職員のメンタルヘルス対策について（最終まとめ）」　https://www.mext.go.jp/component/b_menu/shingi/toushin/__icsFiles/afieldfile/2013/03/29/1332655_03.pdf【2020/03/1最終確認】

文部科学省(2018)「平成29年度公立学校教職員の人事行政状況調査について(概要)」　https://www.mext.go.jp/component/a_menu/education/detail/__icsFiles/afieldfile/2018/12/25/1411823_01.pdf【2020.3.25最終確認】

文部科学省，厚生労働省，農林水産省 (2016)「食生活指針」　https://www.mhlw.go.jp/file/06-Seisakujouhou-10900000-Kenkoukyoku/0000129379.pdf【2020/04/01最終確認】

中野敬子 (2016)　ストレス・マネジメント入門：自己診断と対処法を学ぶ［第2版］　金剛出版

中谷茂一 (2007)　「ウェルビーイング」朝日新聞出版（編）知恵蔵

Richardson, P. W., & Watt, H. M. G. (2006) Who chooses teaching and why? Profiling characteristics and motivations across three Australian universities. *Asia-Pacific Journal of Teacher Education*, *34*: 27-56.

佐藤学 (1994)　教師文化の構造：教育実践研究の立場から　稲垣忠彦・久富善之（編）　日本の教師文化　東京大学出版会

澤田亨 (2019)「メッツ／METs」厚生労働省e-ヘルスネット「健康用語辞典」https://www.e-healthnet.mhlw.go.jp/information/dictionary/exercise/ys-004.html【2020/04/01最終確認】

外山美樹 (2012)　自分のことをどう捉える？　自己認知　鹿毛雅治（編）　モティベーションをまなぶ12の理論：ゼロからわかる「やる気の心理学」入門！　金剛出版　pp.223-244.

[WORK の解説]
島宗理（2017） タイムマネジメントの理論と実践：そしてライフマネジメントへ　心理学
　　ワールド，*58*: 17-20.

第 **4** 章

安彦忠彦（2002）「教育技術（の）法則化運動」安彦忠彦ほか（編）『新版　現代学校教育
　　大事典2』　ぎょうせい　pp.185-186.
秋田喜代美（2005）　学校でのアクション・リサーチ　秋田喜代美・恒吉僚子・佐藤学（編）
　　教育研究のメソドロジ　東京大学出版会　pp.163-189.
有田和正（1989）　名人への道：社会科教師　日本書籍
中央教育審議会（2007）「今後の教員養成・免許制度の在り方について（答申）」 https://
　　www.mext.go.jp/b_menu/shingi/chukyo/chukyo0/toushin/1212707.htm【2020/03/17最終確
　　認】
中央教育審議会（2012）「教職生活の全体を通じた教員の資質能力の総合的な向上方策につ
　　いて（答申）」 https://www.mext.go.jp/b_menu/shingi/chukyo/chukyo0/toushin/1325092.htm
　　【2020/03/17最終確認】
中央教育審議会（2015）「これからの学校教育を担う教員の資質能力の向上について～学び
　　合い，高め合う教員育成コミュニティの構築に向けて～（答申）」 https://www.mext.
　　go.jp/b_menu/shingi/chukyo/chukyo0/toushin/1365665.htm【2020/03/17最終確認】
デー，C.・グー，Q. ／小柳和喜雄・木原俊行（監訳）（2015）　教師と学校のレジリエン
　　ス：子どもの学びを支えるチーム力　北大路書房　(Day, C. & Gu, Q. (2014) *Resilient*
　　teachers, resilient schools: Building and sustaining quality in testing times. London; New
　　York, Routledge.)
Hord, S. M., & Sommers, W. A.（2008）*Leading professional learning communities: Voices*
　　from research and practice, Corwin Press.
木原俊行（2004）　授業研究と教師の成長　日本文教出版
木原俊行（2009）　授業研究を基礎とした学校づくり　日本教育方法学会（編）　日本の授業
　　研究—Lesson Study in Japan—：授業研究の方法と形態〈下巻〉　学文社　pp.127-137.
木原俊行（2011）　活用型学力を育てる授業づくり　ミネルヴァ書房
木原俊行（2012）　授業レジリエンスのモデル化：小学校教師への質問紙調査の結果から
　　日本教育工学雑誌，*35* (Suppl.): 29-32.
木原俊行（2016）　教師教育と教育工学の接点　日本教育工学会（監修）　木原俊行・寺嶋浩介・
　　島田希（編）　教育工学的アプローチによる教師教育：学び続ける教師を育てる・支え
　　る　ミネルヴァ書房　pp.1-19.
木原俊行（2019）　カリキュラム・マネジメントの意義　高橋純（編）　教育方法とカリキュ
　　ラム・マネジメント　学文社　pp.156-169.
小柳和喜雄（2008）　教職大学院における学習環境設計に関する研究　日本教育工学会研究
　　報告集，*JSET08-3*：63-68.
佐藤学（1995）　教室のディレンマ　佐藤学（編）　教室という場所　国土社　pp.15-43.

佐藤学（1996）　教育方法学　岩波書店

ショーン, D. ／佐藤学・秋田喜代美（訳）（2001）　専門家の知恵：反省的実践家は行為
　　しながら考える　ゆみる出版　（Schön, D. A.（1983）*The reflective practitioner : how
　　professionals think in action*. New York: Basic Books.）

田中耕治（2005）　戦後における教育実践のあゆみ　田中耕治（編）　時代を拓いた教師たち
　　日本標準　pp.13-34.

戸苅正人（1979）「葛藤」　依田新（監修）『新・教育心理学事典』金子書房　pp.118-119.

牛渡淳・元兼正浩（2016）　専門職としての校長の力量形成　花書院

山﨑準二（2017）　教職の専門家としての発達と力量形成　日本教師教育学会（編）　教師教
　　育研究ハンドブック　学文社　pp.18-21.

第 5 章

アラン／神谷幹夫（訳）（1998）　幸福論　岩波文庫　（Alain（1928）*Propos sur le bonheur*.
　　Paris : Gallimard.）

バレット, L. F. ／高橋洋（訳）（2019）　情動はこうしてつくられる：脳の隠れた働きと構
　　成主義的情動理論　紀伊國屋書店　（Barrett, L. F.（2017）*How emotions are made: The
　　secret life of the brain*. Boston: Houghton Mifflin Harcourt.）

バーセイド, S.・オニール, O. A. ／有賀裕子（訳）（2017）　組織に必要な感情のマネジメ
　　ント（Kindle 版）　ダイヤモンド社　（Barsade, S. & O'Neill, O. A.（2016）*Manage your
　　emotional culture*. Harvard Business review.）

BRiTE（2018）Don't Take It Personally.　https://www.brite.edu.au/BRiTE/Module5/
　　Skills/ManagingEmotions#recommendations/4/tips/1【2020/04/01 最終確認】

Corcoran, R. & Tormey, R.（2012）*Developing emotionally competent teachers; Emotional
　　intelligence and pre-service teacher education*. New York, NY: Peter Lang.

ドゥエック, C. S. ／今西康子（訳）（2016）　マインドセット：「やればできる！」の研
　　究　草思社　（Dweck, C. S.（2006）*Mindset: The new psychology of success*. New York
　　Random House Publishing Group.）

エドモンドソン, A. C. ／野津智子（訳）（2014）　チームが機能するとはどういうことか：
　　「学習力」と「実行力」を高める実践アプローチ　英治出版　（Edmondson, A. C.（2012）
　　Teaming: How organizations learn, innovate, and compete in the knowledge eEconomy.
　　San Franscisco, CA: Jossey-Bass.）

深見俊崇（2007）　ある初任教師の実践イメージの変容：1 年間の事例研究を基に　日本教育
　　工学会論文誌, *30*: 283-291

Halle, T. G., & Darling-Churchill, K. E.（2016）Review of Measures of Social and Emotional Devel-
　　opment. *Journal of Applied Developmental Psychology*, *45*: 8-18

Martínez-Lorca, M, Zabala-Baños, M. C., & Aguado Romo R.（2018）University Teaching in How
　　to Manage Emotions and Establish a Therapeutic Bond with the patient. *Enfermería Clínica
　　(English Edition), 28*: 144-147

田中博之（1995）　学級力向上プロジェクト：「こんなクラスにしたい！」を子どもが実現す

る方法　小・中学校編　金子書房

上淵寿（2008）　感情研究と動機づけ研究の関係　上淵寿（編）　感情と動機づけの発達心理学　ナカニシヤ出版　pp.1-24.

おわりに

デー，C.・グー，Q.／小柳和喜雄・木原俊行（監訳）（2015）　教師と学校のレジリエンス：子どもの学びを支えるチーム力　北大路書房　（Day, C. & Gu, Q.（2014）*Resilient teachers, resilient schools: Building and sustaining quality in testing times*. London; New York, Routledge.）

深見俊崇・木原俊行・小柳和喜雄・島田希・廣瀬真琴（2019）　教師のレジリエンス形成を支援するフレームワークの検討　日本教育工学会研究報告集，*JSET19-2*: 203-208.

The Guardian（2016）60-hour Weeks and Unrealistic Targets: Teachers' Working Lives Uncovered. https://www.theguardian.com/teacher-network/datablog/2016/mar/22/60-hour-weeks-and-unrealistic-targets-teachers-working-lives-uncovered【2020/04/1 最終確認】

索　引

編著者あとがき

　本書は，科学研究費補助金基盤研究（C）「日本における教師のレジリエンス形成に寄与するプログラムの開発」（研究代表者：深見俊崇，課題番号：17K01127）として取り組んできた研究成果によるものです。2017年から研究がスタートし，本書の共著者である4名を含めた5名の研究者で，初任教師，中堅・ベテラン教師のインタビュー調査に取り組みました。その結果とBRiTEの内容を踏まえて，教職実践演習や教員志望学生向けのワークショップ，現職教員向けのプログラムに取り組んできました（例えば，深見俊崇・木原俊行・小柳和喜雄・島田希（2020）「教師のレジリエンス形成を促す研修プログラムの開発と試行」『日本教育工学会論文誌』43(Suppl.): 177-180.）。これらの参加者からのコメントから，レジリエンスを学習することの意義やレジリエンスを学ぶ機会を保障することの重要性を実感できました。それが本書の執筆にいたる原動力となりました。ここで，インタビュー調査，ワークショップ等の実践に協力していただいた皆様に感謝申し上げます。

　本書の執筆中に，世界そして日本がCOVID-19（新型コロナウイルス感染症）のパンデミックに直面しました。世界では爆発的な感染者と死者の増加，それに伴う都市封鎖が現実に起こりました。世界各国で学校も休校になり，多くの子どもたちの学びが中断せざるをえない状況に陥りました。一部の国や地域，また都市によってはオンラインでの学習を通じてそれを維持しようという動きも起こっていますが，ICT環境によって大きな差が生まれつつあります。日本においても感染者が月を追うごとに増加していき，2020年3月に全国の学校が休校となりました。その後学校は再開されましたが厳しい状況は続いてい

ます（2020 年 6 月 30 日現在）。日本においても，ICT 環境の差，学校間の対応の差が浮き彫りになりました。

　本書の内容は，通学を前提とした世界での教師の働き方，子ども・同僚・保護者等との関わり方，教師同士の協働を基盤にしたレジリエンスを描くものです。その前提自体が揺らぐ状況に直面していますが，再び学校という場で，教師が授業を実践し，子どもたちが学び合い，教師等が協働できるようになるでしょう。その日のために本書が役立つと確信しています。現在困難に直面しているからこそ，本書のテーマである「自ら行動する」というレジリエンスが求められるのです。

　今こそ，複数の章で言及してきた「楽観主義」を実践しましょう。第 5 章でも紹介したアランの言葉を再掲したいと思います。

　　希望は，平和や正義みたいに，望みさえすれば実現できるほどのものの上に築かれるのだから，これを保持するにも意志に頼るしかないのだということを。それに対し，絶望は，どっしり構え，絶望しているというただそれだけの力でひとりでに強められていく。こうして，どう考えたら，宗教の中で失われているが，救わねばならないものを救うことができるか，わかるであろう。すなわち美しき希望である。　（アラン，1998，pp.228-229）

　このような危機的な状況にあって，「希望」をもつことが何よりも重要なのです。それこそがレジリエントな教師の基盤となるのであり，それによって未来を切り拓くことができる原動力となるのです。

　最後になりましたが，本書の刊行にあたって，北大路書房の奥野浩之さんには多大なご支援をいただきました。この場を借りて心より感謝申し上げます。

　本書で学んだ皆さんが，それぞれの場でレジリエンスを発揮し，皆さんが周りの人のレジリエンスを発揮できるよう支援することで，よりよい未来を拓かれることを心より願っております。

編著者紹介

深見俊崇（ふかみ・としたか）

1976 年　大阪府に生まれる
2007 年　大阪市立大学大学院文学研究科後期博士課程単位取得満了
現　　在　島根大学学術研究院教育学系
　［主著］
　デジタル社会の学びのかたち Ver.2（共訳）　北大路書房　2020 年
　教育の方法と技術（共著）　北大路書房　2019 年
　パワフル・ラーニング（編訳）　北大路書房　2017 年
　教育工学的アプローチによる教師教育（共著）　ミネルヴァ書房　2016 年
　教師と学校のレジリエンス（共訳）　北大路書房　2015 年
　21 世紀型スキル（共訳）　北大路書房　2014 年

執筆者一覧（執筆順）

深見　俊崇	島根大学学術研究院	はじめに，1 章，3 章，おわりに
島田　希	大阪市立大学大学院文学研究科	2 章
木原　俊行	大阪教育大学連合教職大学院	4 章
廣瀬　真琴	鹿児島大学学術研究院	5 章

教師のレジリエンスを高めるフレームワーク

柔軟な問題解決者となるための 5 つの視点

2020 年 9 月 10 日	初版第 1 刷印刷	定価はカバーに表示
2020 年 9 月 20 日	初版第 1 刷発行	してあります。

編 著 者 　深　見　俊　崇

発 行 所 　（株）北 大 路 書 房

〒 603-8303
京都市北区紫野十二坊町 12-8
電 話 （075）431-0361 （代）
FAX （075）431-9393
振替 01050-4-2083

編集・デザイン・装丁 　上瀬奈緒子（綴水社）
印刷・製本 　（株）太洋社

©2020　ISBN978-4-7628-3119-5　Printed in Japan
検印省略　落丁・乱丁本はお取り替えいたします

教師と学校のレジリエンス
——子どもの学びを支えるチーム力

C. デー, Q. グー 著
小柳和喜雄, 木原俊行 監訳
A5判 272頁 本体3000円+税

教育現場のレジリエンス（回復力・再生力）に着目。
その特質・形態・実践を論じ，複雑でストレスも
多い学校の日常に，教師や学校組織が希望を持っ
て挑戦し，未来を切り拓いていくための仕掛けや
仕組みを解説する。学校の組織的な教育力を維持・
発展させるという課題に向け，今後のキーとなる
心理学的・教育学的知見を提供。

パワフル・ラーニング
——社会に開かれた学びと理解をつくる

L. ダーリング-ハモンド 編著
深見俊崇 編訳
A5判 272頁 本体2600円+税

主体的・対話的で深い学びのために，基礎技能や
事実の記憶という受動的で機械的な学習ではなく，
批判的思考，知識の転移・活用といったパワフル・
ラーニングが求められる。その授業デザインを，
PBL学習，協同学習，パフォーマンス評価で解説。
教室の内外でいかに「柔軟な問題解決者」になれ
るかについての知見を紹介。